Hugo Schilling

König Alfred's angelsächsische Bearbeitung der Weltgeschichte des Orosius

Hugo Schilling

König Alfred's angelsächsische Bearbeitung der Weltgeschichte des Orosius

ISBN/EAN: 9783743326026

Hergestellt in Europa, USA, Kanada, Australien, Japan

Cover: Foto ©ninafisch / pixelio.de

Manufactured and distributed by brebook publishing software (www.brebook.com)

Hugo Schilling

König Alfred's angelsächsische Bearbeitung der Weltgeschichte des Orosius

KÖNIG ÆLFRED'S

ANGELSACHSISCHE BEARBEITUNG

DER

WELTGESCHICHTE DES OROSIUS.

VON

HUGO SCHILLING,
DR. PHIL.

HALLE
MAX NIEMEYER.
1886.

Meinem ehemaligen Vormund

Herrn Kommerzienrat KNOCH

in Saalfeld

in

Dankbarkeit und Verehrung

zugeeignet.

Zu verschiedenen Malen ist schon der Versuch gemacht worden, die vier grossen Uebertragungen König Ælfred's von gewissen Gesichtspunkten aus nach der wahrscheinlichen Reihenfolge ihrer Abfassung zeitlich anzuordnen. Pauli[1] und Bosworth[2] nehmen als Erstlingswerk die Trostschrift des Boetius an, weil der König beim Uebersetzen sich den lateinischen Text von seinem Bischof Asser erklären lassen musste,[3] um ihn zu verstehen. Es ist leicht ersichtlich, dass diese Folgerung keinen grossen Wert beanspruchen kann. Ten Brink[4] setzt — ohne Anführung der Gründe, aber offenbar nach Massgabe des Inhalts der einzelnen Werke — zuerst die Weltgeschichte des Orosius, dann die Kirchengeschichte Beda's, die Trostschrift des Boetius und zuletzt Gregor's Buch von der Seelsorge. Andere Litterarhistoriker geben nach Gutdünken eine Reihe teilweise ganz verschiedener Anordnungen.[5] Neuerdings hat aber Prof. Wülker[6] in überzeugender Weise dargethan, dass der Gesichtspunkt, von dem aus sich die zuverlässigsten Schlüsse auf die Reihenfolge der Werke Ælfred's ziehen lassen, die Art der Uebersetzung und Bearbeitung ist, und dass eine freie Uebertragung meist grössere Kenntnisse und Erfahrung in dem Verfasser voraussetzt, also in der Regel später anzusetzen

---

[1] König Alfred und seine Stelle in der Geschichte England's, p. 221.
[2] Vorrede zu seiner Ausgabe des Orosius, p. VIII, f.
[3] William of Malmesbury, II, § 122: Hic (Asser) sensum librorum Boetii de consolatione planioribus verbis enodavit, quos rex ipse in Anglicam linguam vertit.
[4] Geschichte der englischen Litteratur, Bd. 1, p. 95.
[5] Eine Zusammenstellung derselben ist zu finden in Prof. Wülker's Grundriss zur Geschichte der angelsächsischen Litteratur, p. 393.
[6] Ebendas. pp. 394—398.

ist, als eine sich eng an die Vorlage anschliessende, ganz von dieser abhängige. Von den vier grossen Uebertragungen ist nun erst eine einzige auf die Art ihrer Abfassung eingehend untersucht worden: die der Trostschrift des Boetius, durch A. Leicht.[1] Die Uebertragung von Beda's Kirchengeschichte wird von Prof. Wülker in seiner Abhandlung über die Quellen Layamon's[2] gelegentlich besprochen; die von Gregor's Seelsorge ist eine zu getreue, um bei einer Vergleichung mit ihrer Vorlage Stoff zu einer längeren kritischen Arbeit zu liefern; die Bearbeitung der sieben Geschichtsbücher des Orosius hingegen, die bis jetzt nur oberflächlichen Prüfungen unterzogen worden ist, gibt uns über Ælfred's praktische Ziele und seine Kenntnis des klassischen Altertums mindestens ebenso interessante Aufklärungen, wie die Bearbeitung des Boetius über sein Geistesleben. Es ist daher der Zweck dieser Arbeit, auf Grund einer sorgfältigen Vergleichung der Uebertragung des Orosius mit ihrer lateinischen Vorlage eine kurze Darstellung der klassischen Bildung und der geschichtlichen und geographischen Kenntnisse des grossen Königs zu geben und aus den Motiven der Auslassungen, Aenderungen und Ergänzungen auf die Ziele zu schliessen, die er im Auge hatte, überhaupt und vorzüglich aber den Grad von Freiheit festzustellen, mit welchem die Bearbeitung abgefasst ist.

Vorher seien mir jedoch noch einige Worte über die Autorschaft Ælfred's gestattet. Die Bearbeitung des Orosius enthält an sich keinen positiven Beweis, dass der König sie verfasst habe; sie besitzt weder ein Vorwort, in welchem sich der Autor selbst nennt, wie die Seelsorge, noch tritt für ihren Verfasser eine so gute Autorität ein, wie bei der Kirchengeschichte,[3] noch auch weist ihr Inhalt so unverkennbar auf denselben, wie es bei der Trostschrift der Fall ist. Der Uebersetzer spricht in seinen Einschaltungen nie in der ersten Person, und die oft angeführten Worte „*Ohthere sæde his hlaforde, Ælfrede*

---

[1] Zur Angelsächsischen Bearbeitung des Boetius, Anglia VII, Heft 1, p. 178 ff.

[2] Paul & Braune's Beiträge, 3. Bd.

[3] Ælfric in den Homilien ed. Thorpe, Bd. II, 116—118, erwähnt: *Historia Anglorum, ða ðe Ælfred cyning of Ledene on Englisc awende.*

cyninge", so sehr sie für die Verfasserschaft des Königs sprechen, könnten doch möglicherweise auch von einem Manne aus dessen Umgebung geschrieben sein. Æthelweard nennt unter den Werken Ælfred's namentlich nur den Boetius und sagt, die Zahl der übrigen sei unbekannt. Das früheste Zeugnis über den Autor der angelsächsischen Uebertragung des Orosius findet sich bei William von Malmesbury,[1] der als die hauptsächlichen Bearbeitungen Ælfreds nennt: *Orosius, Pastoralis Gregorii, Gesta Anglorum Bedae, Boetius De Consolatione Philosophiae, liber proprius quem patria lingua Handboc . . . appellavit*. Aber diese Notiz entstand über zweihundert Jahre nach Ælfred's Tode und kann schon darum nicht unbedingte Glaubwürdigkeit beanspruchen. Trotzdem habe ich die Uebertragung des Orosius von vornherein unter Ælfred's Werken angeführt, weil bei näherer Betrachtung der Plan und die Sprache derselben, vor allem aber der Geist, der uns in der ganzen Bearbeitung lebendig entgegentritt, einen Zweifel an der Autorschaft des Königs nicht aufkommen lassen. Nichts ist übrigens natürlicher, als dass in Ælfred, der, ein zweiter Karl der Grosse, mehr für die geistige Förderung seines Volkes gethan hat, als je Einer vor oder nach ihm, der mit richtigem Blick zuerst die Geistlichkeit aus ihrer Unwissenheit[2] hob und sie in der Cura pastoralis mit ihren Pflichten vertraut machte, nach der Uebertragung der vaterländisch-christlichen Geschichte Beda's zunächst der Wunsch aufgetaucht sei, den Gebildeten seines Volkes nun auch die Mittel zur Kenntnis der allgemeinen Weltgeschichte an die Hand zu geben. Es entsprach dies vollkommen dem Plane, den er selbst in der Vorrede zu seiner Uebertragung der Cura pastoralis dargelegt hat: „*Forðy* — nämlich weil die Alten ihre Bildung auch durch Uebersetzungen verbreiteten — *me ðyncð betre, zif iow swa ðyncð, þæt we eac suma bec ða þe nidbeðyrfesta sien eallum monnum to witanne þæt we þa on ðæt zeðeode wenden þe we ealle zecnawan mæzen*."[3] Dass Ælfred seiner Bearbeitung das ungenaue, mit kurzsichtiger Parteilichkeit geschriebene Sammelwerk des Orosius zu Grunde legte, erklärt sich einfach daraus, dass ihm bei der entschiedenen Vorliebe der Geistlichkeit für dasselbe wahrscheinlich gar keine andere Quelle zu Gebote

---

[1] Lib. II, § 123.

[2] Cf. Ælfreds Uebertragung der Cura pastoralis, ed. Sweet, p. 2: *Swa clæne hio (lar) wæs oðfeallenu on Anzelkynne ðætte swiðe feawe wæron behionan Humbre þe hiora ðenunza cuðen understandan on Enzlisc, oððe furðum an ærendzewrit of Lædene on Enzlisc areccan; and ic wene ðætte nauht monize bezeondan Humbre næren. Swa feawe hiora wæron ðætte ic furðum anne alepne ne mæz zeðencean besuðan Temese ða ða ic to rice fenz.*

[3] Sweet p. 6.

stand. Es wäre damals wohl ohnehin schwer gewesen, ein anderes gleich umfassendes Werk aufzufinden.

Paulus Orosius, ein spanischer Presbyter, lebte gegen Ende der Regierung des Honorius. Im Jahre 414 kam er „*occulta quadam vi actus*" zu Augustin, der damals Bischof von Hippo Regius war, verfasste darauf, als er im selben Jahre auf der synoda urbana zu Jerusalem von den Anhängern des Pelagius heftig angegriffen wurde, sein *Liber Apologeticus contra Pelagium*, und schrieb im Jahre 417 auf Veranlassung Augustins sein Hauptwerk, die *Historiarum adversum paganos libri septem*, eine Weltgeschichte von der Schöpfung bis auf seine Zeit, zusammengestellt aus den verschiedensten Quellen[1] und mit der durch den Zweck des Werkes bedingten Einseitigkeit der Auswahl und der Darstellung. Dasselbe sollte nämlich eine Widerlegung der hauptsächlich auf Grund der Plünderung Roms durch Alarich 410 von heidnischer Seite erhobenen Anschuldigung sein, dass das Christentum den Verfall des römischen Reiches verursacht hätte. Orosius stellt daher die Geschichte der vorchristlichen Aera nur als eine grosse Reihenfolge von Unglücksfällen, Gräueln und Verbrechen hin[2] und sucht zu beweisen, dass die christliche Zeit nicht entfernt so grosse Katastrophen aufzuweisen habe, wie jene, dass vielmehr die Klagen seiner Zeitgenossen übertrieben und unberechtigt seien, „weil eben den Menschen gegenwärtige, noch so kleine Leiden schmerzlicher scheinen, als vergangene, grosse." Ebenso enthalten ganze Kapitel nichts wie Lobreden auf die christliche Religion und Klagen über die Thorheit der Menschen, die sich hartnäckig der Wahrheit verschliessen. Es ist daher leicht erklärlich, dass dieses Werk bei der Geistlichkeit im ganzen Mittelalter ausserordentlich beliebt war und noch bis in's vorige Jahrhundert auch häufig im Druck erschien.

Von Ælfreds Orosius besitzen wir zwei Handschriften:

Die Lauderdale Hs., so genannt nach ihrem ersten nachweisbaren Besitzer, Lord Lauderdale, jetzt im Besitz der Familie Tollemache, Helmington Hall, Suffolk; und die Cotton Hs., jetzt im Britischen Museum, Tiberius B. 1. In Betreff der Einzelheiten über das Alter

---

[1] Ein Verzeichnis derselben gibt Zangemeister in seiner Ausgabe des lat. Werkes, p. 684.

[2] Cf. Praefatio ad Aurelium Augustinum . . . *praeceperas ergo, ut ex omnibus, qui haberi ad praesens possunt, historiarum atque annalium fastis, quaecumque aut bellis gravia, aut corrupta morbis, aut fame tristia, aut terrarum motibus terribilia, aut inundationibus aquarum insolita . . . vel etiam parricidiis flagitiisque misera, per transacta retro saecula reperissem, ordinato breviter voluminis textu explicarem etc.*

und die Beschaffenheit der Mss. sowie die späteren Abschriften derselben verweise ich auf Bosworth's Ausgabe des Orosius, Preface, p. XII ff.

An Ausgaben der Bearbeitung sind bis jetzt vier erschienen:

D. Barrington, The Anglo-Saxon Version from the historian Orosius, by Aelfred the Great, together with an English translation from the Anglo-Saxon, London, 1773. — Dem Text liegt die Abschrift von W. Elstob zu Grunde, jedoch in sehr fehlerhafter Wiedergabe; die Uebersetzung ist ebensowenig zuverlässig. Von Wert ist nur die beigefügte geographische Abhandlung Forster's (cf. p. 35, Anm. 1).

B. Thorpe, The life of Alfred the Great, translated from the German of Dr. Pauli; to which is appended Alfred's Anglo-Saxon Version of Orosius, with a Literal English Translation etc. London, 1853 und 1878. — Der Text ist der der Cotton hs. Die Uebersetzung ist vorzüglich.

J. Bosworth, King Alfred's Anglo-Saxon Version of the Compendious History of the World by Orosius, London, 1859. — Die Ausgabe ist eine sehr sorgfältige und enthält eine umfassende Einleitung, eine englische Uebersetzung, die jedoch an Genauigkeit oft hinter der Thorpe's zurücksteht, eine Abhandlung von Hampson über Ælfred's Geographie, Karten von Europa, Asien und Afrika nach Orosius und Ælfred und Facsimilia aus beiden hss. Dem Text ist die Cotton hs. zu Grunde gelegt, weil der Herausgeber Styl und Orthographie in ihr für reiner westsächsisch hält, als in der Lauderdale hs.; doch sind die Lesarten beider genau verglichen und alle Abweichungen verzeichnet.

Die neuenglische Uebertragung Bosworth's war schon in der Jubilee Edition der Werke Ælfreds: „The Whole Works of King Alfred the Great etc., London 1858, abgedruckt worden.

H. Sweet, King Alfred's Orosius. Part I, Old English Text and Latin Original. London, 1883. — Der Text ist der der Lauderdale hs. Der lateinische Urtext steht ihm gegenüber, die nicht übersetzten Stellen desselben sind weggelassen oder, wo dies ohne Störung des Zusammenhanges nicht möglich war, kursiv gedruckt.

Einzelne Teile von Ælfred's Orosius — besonders seine Geographie Germanien's und die Reiseberichte *Ohthere's* und *Wulfstan's* — sind eine Reihe von Malen abgedruckt und besprochen worden; diese für uns weniger wichtigen Ausgaben hat Bosworth in seiner Einleitung des Näheren behandelt.

Die der folgenden Untersuchung zu Grunde gelegten Ausgaben des lat. und des ags. Textes sind:

Zangemeister, Pauli Orosii Historiarum adversum paganos libri VII etc., Vindobonae 1882.[1]

Sweet, King Alfreds Orosius, Part I.

Der Kürze halber werde ich bei Stellenangaben etc. einfach *Orosius* (*Or.*) und *Ælfred* (*Æ.*) setzen.

Schon der Umfang und die Einteilung der Uebertragung Ælfred's sind ganz andere, als die seiner lat. Vorlage. Letztere besteht aus 7 Büchern mit einer in den verschiedenen hss. wechselnden, aber meist über 200 betragenden Zahl von Kapiteln; Ælfred's Werk hat nur 6 Bücher mit 99 Kapiteln. Wie schon hieraus ersichtlich, ist letzteres nach einem ganz verschiedenen Plane angelegt; und dies ist die notwendige Folge der Verschiedenheit der Zwecke, die Orosius bei der Abfassung seiner Weltgeschichte und Ælfred bei der Uebertragung derselben im Auge hatten. Während Orosius jedes grössere Ereignis in einem besonderen Kapitel behandelt und mit grosser Vorliebe die Gräuelthaten gewissenloser Machthaber und die Schrecknisse blutiger Kriege in ihren Einzelheiten ausmalt, zeigt sich in Ælfred's Bearbeitung, von den ersten Kapiteln abgesehen, deutlich das Bestreben, die Ereignisse in umfassenderen einheitlichen Abschnitten zu ordnen und Alles auszuscheiden, was nicht zur Belehrung seines Volkes dienen konnte oder vielleicht gar einen schädlichen Einfluss ausgeübt hätte. Vor Allem konnte es nicht in seiner Absicht liegen, für seine Uebertragung den polemischen Charakter beizubehalten, den das Werk des Orosius durchweg trägt; den Angelsachsen waren ja die Umstände, welche die Abfassung des lat. Geschichtswerkes unmittelbar veranlassten, gänzlich unbekannt, und auf jeden Fall lagen sie zu weit zurück, um noch von Interesse zu sein. Die zahlreichen Stellen, in denen Orosius Vergleiche anstellt

---

[1] Ursprünglich hatte der Verfasser vorliegender Arbeit zu der Vergleichung der beiden Texte die Ausgabe von Migne, Patrologia, Tomus XXXI, Paris 1846, benutzt; es machte sich daher eine neue Vergleichung der wichtigsten Punkte mit obiger späteren kritischen Ausgabe notwendig, wie auch die Stellenangaben durchweg nach der letzteren umgeändert worden sind.

zwischen den Ereignissen der heidnischen und denen der christlichen Zeit, wo er Betrachtungen über den Ursprung des Bösen, die Vorzüge der christlichen Religion u. s. w. anstellt, mussten daher zum grössten Teile in Wegfall kommen. In wie weit Æ. die Einteilung in Kapitel und die seinem Werke als Index vorangestellten Ueberschriften der einzelnen Abschnitte aus seiner Vorlage herübernahm oder aber selbständig schuf, lässt sich nicht bestimmen, da, wie schon oben bemerkt, die hss. in diesem Punkte sehr von einander abweichen. Mit den Summarien der donaueschinger Orosius-hs. (Cod. D., 8. Jh.), der ersten, welche' überhaupt eine Einteilung in Kapitel aufweist (cf. Zangemeister, Praef. p. XXXIII) stimmen die Kapitelüberschriften der ags. Bearbeitung in vielen Punkten überein; es ist daher nicht unwahrscheinlich, dass Æ. eine Abschrift des Cod. D. benutzt habe. Letzterer enthält jedoch 233 Kapitel, gegen 99 bei Æ.; schon daraus ersieht man, dass die Einteilung und infolge dessen auch die Summarien eine gründliche Umarbeitung erfahren haben müssen. Zweifellos von Æ. sind die lakonischen Kapitelüberschriften der Geschichte der Kaiserzeit, die fast durchweg lauten: „*Hu* (folgt der Name des Kaisers) *feng to Romana(o) anwalde (rice).*"

Der Index enthält viel Interessantes und für die vorstehende Untersuchung Beachtenswertes; da jedoch die darin gebrauchten Worte und Wendungen durchweg im Texte selbst wiederkehren, brauche ich ihm keine besondere Besprechung zu widmen.

Ælfred's Bearbeitung zerfällt ihrem Inhalt nach in einen geographischen und einen historischen Teil; ersterer umfasst bei Orosius das zweite, bei Ælfred das erste Kapitel des ersten Buches, ist aber in der ags. Fassung so bedeutend erweitert worden, dass er ein Zehntel des ganzen Werkes bildet. Die Verschiedenheit des Inhalts macht die getrennte Besprechung der beiden Teile notwendig.

Die Anordnung des durch die Vergleichung des ags. Textes mit dem lateinischen gewonnenen Materials bietet besonders grosse Schwierigkeiten. Eine Besprechung desselben in der Reihenfolge, wie es sich vorfindet, ist offenbar ausgeschlossen; sie würde zu beständigen Wiederholungen führen und einen Ueberblick über das Ganze unmöglich machen. Die ungezwungenste und daher auch im Folgenden angewandte Einteilung der Abweichungen vom Urtext ist: 1) *Auslassungen,* 2) *Aenderungen,* 3) *Hinzufügungen.* Es liegt in der Natur der Sache, dass es nicht immer möglich sein wird, diese Kategorien scharf auseinander zu halten; sie sollen nur dazu dienen, das Material einigermassen zu sichten und einen möglichst guten Ueberblick zu gewähren.

I. Geographischer Teil.

a) Auslassungen.

In der auf der Dreiteilung beruhenden Erdbeschreibung, mit welcher Orosius seine Geschichte einleitet und die im Wesentlichen von Ælfred beibehalten worden ist, hat der Bearbeiter viel weniger Streichungen vorgenommen, als im zweiten, historischen Teil des Werkes. Immerhin konnte er nicht ohne Weiteres die Angaben seiner Vorlage herübernehmen. Er wollte seinem Volke eine Beschreibung der Erde und ihrer Bewohner geben; aber er wusste wohl, dass zu grosse Ausführlichkeit seinem Zwecke nur schaden würde. So hätte eine so ausgedehnte Aufzählung fremdklingender Namen, wie sie Orosius gibt, die Angelsachsen nur verwirrt und abgeschreckt; Ælfred vereinfacht daher mit richtigem Verständnis für die Bedürfnisse seines Volkes die Beschreibungen der näher liegenden Länder, indem er unwichtige Einzelheiten vermeidet, und beschränkt die der weiter entfernten auf das Notwendigste. So streicht er als unwesentlich die Angabe der Gegenden im Nordosten Afrikas, Or. p. 11, 2—6, kürzt die Beschreibung der Lage Syriens, p. 14, und die des Nillaufs, p. 17, und übergeht die Aufzählung der verschiedenen Teile des mittelasiatischen Hochgebirges und seiner Umgebung, pp. 18,9—19,8 und 20,8—12. Weitere bedeutende Kürzungen nimmt er vor in der Beschreibung der Balkanhalbinsel, pp. 22—24, und Galliens, pp. 25—26. Was Orosius über Spanien und Britannien sagt, gibt Ælfred fast vollständig wieder; nur sieht er, wie er es regelmässig thut, von der Anführung der umliegenden Länder und Völker ab, in der Orosius stets sehr gewissenhaft ist. Ebenso vereinfacht er die Lageangaben der Inseln des Mittelmeeres bedeutend.

b) Aenderungen.

Wo Ælfred die Angaben des Orosius modifiziert hat, geschah es entweder, um wirkliche oder vermeintliche Irrtümer zu berichtigen, oder um die Darstellung einfacher und für seine Angelsachsen fasslicher zu machen. In manchen Fällen ist es freilich recht schwer, zu entscheiden, ob eines dieser beiden Motive eine Aenderung veranlasst habe, oder ob dieselbe auf ein Missverständnis oder auf mangelhafte Kenntnis des Gegenstandes zurückzuführen sei. So übersetzt Ælfred *Cimmericum mare* mit *Wendelsæ* (p. 14, 21); die Annahme eines zufälligen Versehens ist ausgeschlossen, denn gleich darauf lässt er die Donau ebenfalls in die Wendelsæ münden. Noch in demselben Kapitel (p. 22, 6) sagt er jedoch ganz richtig, die Donau fliesse in den *sæ Euxinus;* man kann also nur annehmen, dass Ælfred sich berechtigt glaubte, das schwarze und somit auch das asowische Meer zum Mittelmeer zu rechnen, weil sie gewissermassen nur Abzweigungen desselben sind. Dass er trotzdem für das schwarze Meer auch den lateinischen Namen braucht, ist nicht recht erklärlich. Die obige Annahme wird bestätigt durch den Umstand, dass Ælfred auch das Aegäische Meer stets *Wendelsæ* nennt (p. 8, 16 ff., p. 22, 12 ff.); nur einmal fügt er hinzu „*þe man hæt Atriaticum*". So betrachtet er auch den *sinus Persicus* als einen Teil des *mare rubrum*, und den *Oceanus Eous* des Orosius (p. 12, 3) als zu dem *Oceanus Indicus* gehörig, denn er hat für jenen stets *Reade Sæ* (p. 10, 19 ff.) und für diesen *ȝarsecȝ Indisc* (p. 10, 8).

Mehrere Male setzt Ælfred statt des Plurals den Singular; so hat Orosius p. 11, 10: *insulae quas Fortunatas vocant,* Ælfred p. 10, 1: *æt þæm iȝlande þe mon hæt Fortunatus;* ebenso Or. p. 29, 1: *a tergo Orcadas insulas (habet, quarum viginti desertae sunt, tredecim coluntur)*, Æ. p. 24, 16: *on norðhealfe Orcadus þæt iȝland*. Der letztere Fall ist doppelt befremdlich, weil der lat. Text so ausserordentlich deutlich ist und weil man von Ælfred schon an sich grössere Vertrautheit mit dem Gegenstand erwartet. Es liegt deshalb die Annahme nahe, dass *iȝland* doch vielleicht ein kollektiver Begriff gewesen oder zum mindesten in dem vorliegenden Falle als solcher zu betrachten sei. Möglich ist auch, dass Æ. mit *Orcadus* nur die Hauptinsel Pomona meinte, die auch jetzt noch das *mainland* genannt wird, und ähnlich könnte es sich mit dem *iȝland Fortunatus* (Tenerifa!) verhalten.

Ausserordentlich häufig ist die Erscheinung, dass Eigennamen sich bei Æ. in mehr oder weniger entstellter Form vorfinden; da jedoch der historische Teil hierzu weit mehr Material liefert, als der geographische, werde ich auf diesen Punkt in einem besonderen Abschnitt am Schlusse meiner Arbeit näher zu sprechen kommen.

Zahlreiche Abweichungen vom Urtext sind fehlerhafter Uebersetzung zuzuschreiben und lassen teils auf Unachtsamkeit, teils auf mangelhafte Kenntnis der lat. Grammatik von Seiten Ælfreds schliessen. Auffallend sind die Fälle, in denen Letzterer längere Stellen nur zum Teil oder gar nicht verstanden und in Folge dessen bei der Uebertragung mehr oder weniger korrumpirt hat. Ein solches Beispiel ist der Bericht des Orosius von der Behauptung einiger Autoren, dass der Nil im Westen Afrikas entspringe, im Sande versinke, in einem grossen See wieder auftauche und dann durch die äthiopische Wüste ostwärts fliesse bis Oberägypten (Or. p. 16 f.) Es gibt einen solchen Fluss, sagt Orosius, aber derselbe wird nicht weit vom Oberlauf des Nils von einem grossen See aufgenommen; „*nisi forte*", fügt er hinzu, „*occulto meatu in alveum ejus, qui ab oriente descendit, eructat.*" Er hält also im günstigsten Falle für nicht unmöglich, dass zwischen jenem See und dem Nil, der nahe am Roten Meere entspringt (nach Or.) und daher anfangs westlich fliesst, eine unterirdische Verbindung bestehe; dass aber die Quelle des Nils im äussersten Osten Afrikas zu suchen sei, nicht im Westen, unterliegt für ihn keinem Zweifel. Auch Ælfred macht vorerst diese Angabe; dann erwähnt er jene abweichende Behauptung, anfangs im Tone einfacher Berichterstattung und in indirekter Rede, bald aber im Tone der Ueberzeugung und nun vermengt er Thatsächliches und Hypothetisches zu einem phantastischen Ganzen.[1] So ist es zu erklären, dass nach seiner Darstellung der Nil unter dem Namen *Nuchul, Dara*, im Westen Afrikas entspringt, im Sande versinkt, wieder auftaucht und einen grossen See bildet, ostwärts durch die Wüste läuft, abermals einen See bildet und abermals in die Erde versinkt, um nördlich davon endgültig als Nil wieder zu erscheinen (Æ. p. 12, 16 ff.). Dass Ælfred sich bemühte, seine Darstellung gehörig zu ordnen, ersieht man daraus, dass er die bei der Angabe der (nach Or.) wahren Nilquelle weggelassene Erwähnung der Insel (!) Meroe (Or. p. 16, 9) später in seiner abenteuerlichen Beschreibung des Nillaufs an der richtigen Stelle nachholt. Zu Ælfreds Entschuldigung muss man anführen, dass die Darstellung des Orosius an Klarheit Manches zu wünschen übrig lässt.

Eine interessante Aenderung hat Ælfred in den unmittelbar folgenden Zeilen vorgenommen. Or. sagt vom Nil: „*tempestivis auctus incrementis plana Aegypti rigat*", indem er damit ohne Zweifel die regelmässig wiederkehrenden jährlichen Ueberschwemmungen meint. Ælfred fasst diese Stelle falsch auf und erweitert sie mit Zuhülfenahme seiner eigenen Erfahrung zu der folgenden Gestalt: „*þonne on þǽm wintreȝum tidum wyrþ se muða fordrifen foran from þǽm norþernum windum þǽt seo ea bið flowende ofer eal Ægypta land* (p. 12, 33 ff.). Wahrscheinlich fasste Æ. *tempestas* in der Bedeutung von Sturm auf; jedenfalls schwebte ihm die in England und in allen Küstenländern häufige Erscheinung vor, dass Stürme, besonders zur Zeit der Flut, das Wasser der Flüsse von den Mündungen zurücktreiben und dadurch Ueberschwemmungen verursachen. Es ist sogar nicht unmöglich, dass das Wort *tid* hier in der gegenwärtigen Bedeutung von

---

[1] Sweet gibt hier den der Zusammenstellung Ælfreds zu Grunde liegenden Text nicht vollständig wieder; er hätte Or. p. 17 bis „*eructat*" anführen müssen.

„Flut", das Gegenteil von „Ebbe", zu verstehen sei; diese Auffassung würde die Darstellung noch treffender und vollständiger machen, und es ist nicht wahrscheinlich, dass Æ., auch wenn er wusste, dass das Niveau des Mittelmeeres sich nur wenig verändert, sich darum die günstige Gelegenheit hätte entgehen lassen, die ihm vertrauten heimischen Naturerscheinungen zur Erklärung seiner Vorlage heranzuziehen. Wie thätig aber stets seine Vorstellungskraft war und wie schnell sein praktischer Sinn die Tragweite eines Ereignisses begriff, zeigt der von ihm selbständig angefügte Schlusssatz: „and heo (seo ea) ʒedeð mid þæm flode swiðe þicce corþwæstmas on Ægypta lande."

Ein schlagendes Beispiel von Selbständigkeit der Anordnung finden wir in der Beschreibung Spaniens (Or. 26 ff., Æ. 24, 1 ff.). Vorerst gibt Æ. die von Or. beschriebenen angeblichen drei Ecken Spaniens in veränderter Reihenfolge wieder; an die Stelle der Angabe, im äussersten Nordwesten des Landes stehe ein gewaltig hoher Leuchtturm *ad speculam Britanniae*, setzt er dann Folgendes: „and se ðridda (ʒara) norðwest onʒean Brigantia Gallia (Or. *Galleciae*) burh and onʒean Scotland,[1] ofer þone sæs earm, on ʒeryhte onʒean þone muðan þe mon hæt Scene." Dies steht bei Or. erst p. 29 bei der Beschreibung der britischen Inseln; Æ. hat also um ein ganz bedeutendes Stück vorgegriffen. Die Ungezwungenheit, mit der dies geschieht, legt den Schluss nahe, dass Æ. sich erst mit dem Inhalt eines ganzen Kapitels, oder vielleicht mehrerer, vertraut machte, bevor er sich anschickte, denselben an der Hand der Vorlage, aber mit freier Ausübung seiner eigenen Urteilskraft, in der Sprache seines Volkes wiederzugeben.

Einige weitere Abweichungen, die aber jedenfalls von Æ. nicht beabsichtigt wurden oder ihm gar nicht zuzuschreiben sind, finden sich in den Grössenangaben mittelländischer Inseln. So gibt z. B. Or. die Länge von Creta als 172 Meilen, Æ. als 170, ein Versehen, das sich leicht erklären lässt, mag es von Æ. stammen oder nicht. Aber wenn wir die Dimensionen Sardiniens, bei Or. (p. 38) 230 und 80 Meilen, bei Æ. (28, 14) zu 33 resp. 22 Meilen, und die von Corsica, 160 und 26 Meilen, zu 16 resp. 9 Meilen reduziert finden, so können wir nur annehmen, dass diese Angaben schon in der von Æ. benutzten lat. hs. korrumpiert waren, wie ja auch die uns zugänglichen hss. in diesem Punkte bedeutend von einander abweichen.[2]

---

[1] Der Name Irlands, so lange dort noch die *Scoti* ansässig waren (cf. Bosworth, Uebertragung p. 59, Anm. 89).

[2] So haben mehrere der uns erhaltenen Orosiushandschriften statt 230, wie oben angeführt, CCCXXX, woraus sich das *þreo and þrittiʒ* schon eher erklären liesse. Es kann z B. der ags. Schreiber, wenn der Text ihm diktirt wurde, sehr wohl das *hund* in *þreo hund and þrittiʒ* überhört haben.

c) Hinzufügungen.

Die zahlreichen kleineren Einschaltungen sind grösstenteils veranlasst durch das Bestreben, den Angelsachsen das Verständnis der Beschreibungen und die Orientierung in den örtlichen Angaben möglichst leicht zu machen. Æ. entwickelt dabei in den meisten Fällen eine für seine Zeit mindestens ungewöhnliche Kenntnis der Geographie. Es würde zu weit führen, wollte ich alle die Fälle anführen, in denen er z. B. durch Angabe der Himmelsrichtungen ein klares Bild der Lage irgend eines Ortes verschafft, wo die Schilderung des Or. grössere Aufmerksamkeit und mehr Nachdenken verlangt. Oefters erweckt er das Interesse durch Beifügung von Namen, die seinen Angelsachsen bereits bekannt waren, so p. 14, 24 f., p. 24, 16. Letztere Stelle ist noch besonders bemerkenswert wegen der Erklärung, die Æ. für die Angabe des Or., Hibernia sei *caeli solique temperie magis utilis* als Britannien, liefert; er fügt nämlich hinzu: „*forðon þe sio sunne þær zæð near on sett þonne on oðrum lande*", eine Bemerkung, deren Naivetät uns jetzt wohl ein Lächeln abnötigt, die aber mit dem damals allein gültigen ptolomäischen System vollkommen im Einklang steht. Nicht selten ruft Æ. auch im Interesse der Deutlichkeit früher Angeführtes wieder in das Gedächtnis zurück, so p. 14, 7 und 12.

Die Angabe des Or. (p. 10, 10), die Grenze Europas bilde der westliche Ocean an der Küste Spaniens, ist dem gewissenhaften Bearbeiter zu unbestimmt; er erweitert und berichtigt sie mit grosser Genauigkeit, indem er sagt, das Südwestende Europa's liege in Spanien am Meere, das Westende desselben aber sei Schottland [1] (Irland) (p. 8, 23).

In einer anderen Einschaltung ist Æ. weniger glücklich. Den von Or. aufgezählten Ländern zwischen Mesopotamien und dem Mittelmeer fügt er hinzu: (p. 12, 4) „*and Coelle, and Moab, and Amon, and Idumei, and Iudea*", fährt aber dann mit seiner Vorlage fort: „*and Palestina, and Sarracene.*" Coelle soll wohl Cocle-Syria bedeuten. Es macht daher die Anführung dieser fünf Provinzen entschieden den Eindruck, als ob Æ. einfach die in seinem Gedächtnis zufällig haften gebliebenen Namen aus der Bibel hier eingeschoben habe, und die Gleichstellung derselben mit Palästina beweist, dass Æ. in der Geographie dieser Gegenden nicht besonders bewandert war, wie sich dies ja auch kaum erwarten lässt.

---

[1] Die ganze Stelle lautet: „*Se westsuþende Europe landzemirce is in Ispania westeweardum æt ðæm zarsecze, and mæst æt þæm izlande þurtte Gades hatte, þær sciel se Wendelsæ up of þæm zarsecze; þær eac Ercoles syla stondað on þæm ilcan Wendelsæ. and hire on westende is Scotland.*" Bosworth hat in seiner Ausgabe, p. 15, 27, dadurch dass er nach *stondað* einen Punkt und nach *Wendelsæ* (an zweiter Stelle) ein Komma setzt, den Sinn gänzlich entstellt.

Das Land zwischen dem Kaspischen See und dem Don, das bei Or. keinen besonderen Namen führt, heisst bei Æ. *Scippia* (14, 19) und die von Or. so genannten Landstriche in Mittelasien werden in der ags. Bearbeitung *seo ealde Scippia* genannt. Der König scheint also von der Bewegung der Skythen nach Westen unterrichtet gewesen zu sein.

Gelegentlich der Erwähnung Dalmatiens ergänzt Ælfred die umliegenden Völker und Gegenden durch die Anführung der *Pulgare* (22, 14), und von „*þæt westen þæt is betux Carendan* (Kärnthen) *and Pulgarum*" (22, 16); unter den Bewohnern Gallien's führt er an die *Burgende* und die *Wascan* (Basken) (p. 22, 34).

Die bedeutendsten der kleineren Einschiebungen sind die Beschreibungen des Rhein- und des Donaulaufes (14, 28 ff.); Ae.s genaue Kenntnis der beiden Flüsse erscheint uns jedoch natürlich, wenn wir aus seiner Schilderung Germaniens ersehen, wie vortrefflich er in der Geographie Mitteleuropa's unterrichtet war.

Wir kommen nun zu den grösseren zusammenhängenden Einschiebungen Ælfred's, seiner Geographie Germaniens (p. 14, 36 ff.) und den Reiseberichten *Ohthere's* (p. 17, 1 ff.) und *Wulfstan's* (p. 19, 20 ff.)

Von ersterer sagt Bosworth in einer Anmerkung zu seiner englischen Uebersetzung (p. 35) sehr treffend: „*It is the king's own record of Europe in his time. It is not only interesting, as the composition of Alfred, but invaluable, as an historical document, being the only authentic record of the Germanic nations, written by a contemporary, so early as the ninth century*". Nicht nur von diesen Gesichtspunkten ist die genannte Einschaltung hochinteressant zu nennen, sondern auch weil sie einen Einblick in das geistige Streben des Königs gewährt, in die Art, wie er den Schatz seines Wissens beständig zu bereichern suchte. Es ist nicht wahrscheinlich, dass ihm umfassende Aufzeichnungen über die Völker Mitteleuropas zu Gebote gestanden hätten; das Meiste, was er in seiner Bearbeitung von denselben sagt, muss er aus mündlichen Nachrichten mühselig zusammengetragen haben. Die Beispiele von *Ohthere* und *Wulfstan* zeigen, wie wol er den Werth der Berichte weitgereister Männer zu schätzen verstand; und so mag er wol noch manchen seiner Unterthanen, der auf dem Festlande gewesen war, und manchen Fremdling, den die aufblühende Kultur des ags. Reiches angezogen hatte, nach dessen Kenntnis der Länder und Völker gefragt und sein eigenes Wissen dadurch bereichert haben. Ein bleibendes Verdienst um die Wissenschaft aber hat er sich dadurch erworben, dass er diese Berichte aufzeichnete und so für die Nachwelt rettete.

Die Beschreibung Germanien's [1] gibt, so weit wir es feststellen

---

[1] In Bosworth's Text der Geographie Germaniens ist ein Schnitzer untergelaufen. Es findet sich nämlich p. 18, 36 und p. 19, 14 die sinn-

können, mit wenigen Ausnahmen ein richtiges Bild von der gegenseitigen Lage der Stämme nach der Völkerwanderung. Der Begriff *Germanien* ist bei Æ. ein viel weiterer, als wir ihn aufzufassen gewohnt sind; er umfasst alles Land zwischen Rhein, Donau, Don und dem Weissen Meer (p. 14, 2S ff.). Aus der Angabe, dass die Burgunder an der Ostsee wohnten, könnte man versucht sein, zu schliessen, dass Æ. sehr alte Aufzeichnungen benutzt habe; aber *Wulfstan* sagt in seinem Berichte (p. 19, 36) auch, er habe auf seiner Fahrt nach dem Frischen Haff *Burgenda land* (jedenfalls Bornholm) zur Linken gehabt, und Æ. wusste, wie seine Einschiebung p. 22, 34 beweist, sehr wol, dass die Hauptmasse der Burgunder zu seiner Zeit am Westabhange der Alpen ansässig war. Es ist also anzunehmen, dass Reste des Stammes in ihren alten Sitzen zurückgeblieben waren. Ein analoger Fall ist die von Æ. gebrauchte alte Benennung *Angle* für den südlichen Teil der kymbrischen Halbinsel; es waren hier ebenfalls Teile des Volkes der Heimat treu geblieben[1] und hatten ihr noch Jahrhunderte lang den alten Namen erhalten. So erwähnt ihn auch *Ohthere* (p. 19, 22).

Es liegt nicht im Zwecke dieser Arbeit, den Inhalt der drei grossen Einschaltungen Ælfred's kritisch zu behandeln. Ich verweise in dieser Hinsicht auf die Arbeit Forster's[2] und die Separatausgaben von Porthan[3], Rask[4] und Dahlmann[5], sowie auf Bosworth's Anmerkungen zu seiner Uebersetzung und den seiner Ausgabe angefügten Aufsatz von Hampson[6]. Auch hat Bosworth versucht, nach Ælfred's Angaben eine Karte von Europa zu geben, die bei der Orientirung gute Dienste leistet, bei deren Entwurf er aber in einem Falle Ælfred's Angaben willkürlich korrigirte. Er verlegte nämlich die *Osti*, die nach Æ. (16,

---

lose Lesart *Aelfe-muða þære ea*, während Sweet in beiden Fällen ganz richtig hat: *Aelfe muþa*, wo *Aelfe* Genitiv zu *muþa* ist.

[1] Cf. Zeuss, die Deutschen und die Nachbarvölker, München, 1837, p. 495.

[2] Notes to the First Chapter of the First Book of Alfred's Anglo-Saxon Version of Orosius, in Barrington's Ausg., pp. 241—259.

[3] Försök at uplysa Konung Alfred's Geographiska Beskrifning öfver den Europeiska Norden, veröffentlicht in Kongl. Vitterhets Historie och Antiquitets Academiens Handlingar, Sjette Delen, Stockholm 1800, pp. 37—106. Mit schwedischer Uebersetzung.

[4] Ottars og Ulfstens korte Rejseberetninger med dansk Oversættelse, kritiske Anmærkninger og andre Oplysninger, veröffentlicht in Det skandinaviske Litteraturselskabs Skrifter, Ellevte Aargang, Kjöbnhavn 1815, pp. 1—132.

[5] Forschungen auf dem Gebiete der Geschichte, 1. Bd., Altona, 1822, pp. 405—456.

[6] An Essay on the Geography of King Alfred the Great, taken from his A. S. Version of Orosius etc.

29 ff.) östlich von den *Norðdene*, südlich von der Ostsee, den *Winedas* und *Burgendan*, und nördlich von den *Hæfeldan*, also jedenfalls an der Oder wohnten, willkürlich nach dem heutigen Esthland. Allerdings ist die Darstellung des Königs an dieser Stelle nicht besonders klar und widerspricht sich mehrmals.

Bevor ich zu der Betrachtung des historischen Teils der Bearbeitung übergehe, kann ich mich nicht enthalten, einige Bemerkungen über die Abhandlung von Hampson zu machen.

Derselbe sagt in seinem Essay ganz richtig, Ælfred wähle in seiner Beschreibung ein Land als Mittelpunkt, von welchem aus er die Lage der benachbarten Länder sowol in Bezug auf diesen Mittelpunkt, als auch unter einander selbst beschreibe. Æ. muss aber natürlich seinen Standort öfters verändern; denn wo bliebe die Klarheit der Darstellung, wenn er alle von ihm aus in derselben Richtung wohnenden Völker der Reihe nach vielleicht von dem näheren zu dem ferneren übergehend, aufzählen wollte, um dann mit einer anderen Richtung wieder von vorn anzufangen? Hampson beschuldigt Æ. eines ähnlichen Missgriffs, indem er in dessen Aufzählung der Völker vom Beginn derselben, p. 14, 36 bis zu p. 16, 9 die *Eastfrancan* als Mittelpunkt annimmt; Æ. hätte also von der Heimat dieses Stammes am Mittelrhein aus die Lage von *Sillende* gewissermassen über die Köpfe der dazwischen wohnenden *Seaxan* und *Afdrede* hinweg als nordwestlich (!) angegeben. Abgesehen davon, dass hier auch die Richtung gar nicht zutrifft, versteht es sich von selbst, dass man von einem und demselben Lande ausgehend doch nur die Lage der unmittelbar daranstossenden Völker angibt und dann sich einen neuen Standpunkt ausserhalb dieses Umkreises wählt, um hier ebenso zu verfahren. Bei den *Winedas*, p. 16, 9, angelangt, sagt auch Hampson (p. 42) endlich, Æ. scheine da seinen Standpunkt zu verändern; er gibt aber im Weiteren nicht mehr an, welche Länder er sich als Mittelpunkte der Beschreibung denkt. Æ. schildert ganz offenbar wie folgt: vom Anfang bis p. 16, 5 geht er von den Ostfranken aus; p. 16, 5—10 von den *Eald Seaxan;* p. 16, 10—13 von *Maroara land*. Dann kommen einige Angaben, in denen er von einem Lande zum andern fortschreitet; p. 16, 18—20, bilden die *Dalamentsan* den Mittelpunkt; Z. 20—22 folgen wieder Einzelangaben, und von da bis zum Schluss nimmt Æ. seinen Standpunkt nach einander bei den *Supdene*, Z. 22—27, den *Norðdene*, Z. 27—29, den *Osti*, Z. 29—31, den *Burgendan*, Z. 31—33 und den *Sweon*, Z. 33—36. Die Ursache von Hampson's Versehen liegt indess auf der Hand; wenn er p. 47 die Worte *beʒeondan þam westenne* übersetzt mit *beyond to the desert*, wo das *beyond* Adverb ist, und die Stelle bei Æ. p. 16, 9—11, so verdreht, dass er (p. 42) die *Winedas* anstatt der *Maroaras* zu Ostnachbarn der *Pyrinʒas*, *Behemas* und *Beʒware* macht, so kann seine Kenntniss des Angelsächsischen nicht sehr bedeutend gewesen sein. Auch sonst enthält Hampson's Arbeit noch mehrere grobe Versehen. Dass er Forster mit Unrecht des Irrtums zeiht, weil dieser die Lage der Angeln auf die der *Ealdseaxan* bezog, erhellt schon aus dem oben Gesagten. Seine Annahme (p. 50), dass Æ. die Goten mit den Geten verwechselt habe, weil derselbe sagt (p. 16, 17): "*Dalia þa þe iu wæron Golan*", entbehrt jeder Berechtigung; warum sollte Æ. eher an die viel weiter zurückliegende Verdrängung der thrakischen Geten aus Dacien gedacht haben, als an die der seinem Volke stammverwandten Goten, die Dacien erst am Ende des 4. Jahrhunderts räumten und den Angelsachsen doch an sich viel mehr interessiren mussten?

Auf derselben Seite gibt Hampson an, Æ. verlege *Wisleland* nach dem Osten von *Maroara*, wo doch bereits die *Behemas* wohnten; der ags. Text nennt jedoch p. 16, 10 die letzteren ausdrücklich im Westen von *Maroara land*. Gleich darauf behauptet er, die Weichsel fliesse in keinem Teil ihres Laufes östlich von Mähren, während sie doch in Oesterreichisch-Schlesien entspringt und dann noch auf eine grosse Entfernung nach Osten und Nordosten fliesst, ehe sie sich nach Norden wendet. Die *Wisleland* genannte Gegend konnte also sehr wol östlich von *Maroara land* liegen. Endlich ist Hampson's Angabe, Æ. verlege die Esthen und die *Afdrede* (Obotriten) an die Ostküste der Ostsee, ebenfalls ganz falsch und nur aus seiner Unkenntnis des Angelsächsischen zu erklären; von den *Osti* habe ich schon gesprochen, und die *Afdrede* sassen nach Ae. nördlich von den *Ealdseaxan*, östlich von den *Suþdene* und südlich von den *Norðdene*, also ungefähr im heutigen Mecklenburg.

An dieser Stelle möchte ich noch eine Beobachtung mitteilen, die sich mir bei der Prüfung von Ælfred's Geographie aufgedrängt hat und deren Richtigkeit durch eine Reihe von Beispielen sehr wahrscheinlich gemacht wird: Die Zeitgenossen Ælfreds, von welchen dieser seine Nachrichten über die Geographie Germanien's erhielt, suchten den Norden zu weit rechts, fast im Nordosten[1], so dass man, um aus Ælfreds Angaben die thatsächliche Lage der Völker unter einander zu erhalten, die Windrose um ca. 45° nach rechts drehen muss. So hat Æ., soweit es sich feststellen lässt, *be norþan* anstatt nordöstlich einmal (p. 16, 8), *east-norð* anstatt östlich einmal (p. 16, 8), *be eastan* anstatt südöstlich viermal (ZZ. 16a, 17, 26, 28 f.), *be westan* anstatt nordwestlich dreimal (ZZ. 5, 20, 32) und *west-norð* anstatt nördlich einmal (Z. 6 f.). Das *be suþan*, Z. 31, muss wahrscheinlich auch *west-suð* (*be suþan-westan*) heissen, und das schon erwähnte *be westan*, Z. 32, könnte sogar mit vollem Recht zu *be norþan* geändert werden. Dahingegen ist kein einziges Beispiel vorhanden, wo Æ. eine Himmelsgegend zu weit nach links verlegt hätte. Ein Zufall ist also kaum

---

[1] Dieselbe Beobachtung hat, wie ich finde, schon Porthan gemacht, jedoch ohne irgendwelche Beweise für die Richtigkeit derselben zu liefern.

anzunehmen; welcher Ursache jedoch diese eigentümliche Erscheinung zuzuschreiben sei, ist mir nicht erfindlich.

Zum Schluss muss ich noch einige entschuldigende Worte über die Versehen sagen, welche Æ. in seiner Bearbeitung des geographischen Teils gemacht hat. Wir sind bei unserem heutigen Bildungsstand sehr geneigt, denselben eine übertriebene Bedeutung beizumessen; aber wenige davon fallen Æ. selbst zur Last, und diese sind so geringfügig, dass sie nur dazu dienen, unsere Achtung vor den für seine Zeit so hervorragenden Kenntnissen des Königs zu erhöhen. In den meisten Fällen, wo in seiner Bearbeitung ein Irrtum nachzuweisen ist, findet sich derselbe entweder schon in der Vorlage und Æ. hatte nicht die Mittel, ihn zu verbessern, oder er beruht auf einer seiner Zeit eigentümlichen Vorstellung, deren Richtigkeit zu bezweifeln ihm nicht in den Sinn kommen konnte. In die letztere Kategorie gehört seine Angabe (p. 24, 5 ff.) dass *Scotland*[1] *ofer þone sæs earm* nordwestlich von Spanien liege, also viel weiter südlich als in Wirklichkeit. Gerade von Æ. hätte man wol die Widerlegung dieser altertümlichen Tradition erwartet; aber einmal widmet der König der Beschreibung der britischen Inseln überhaupt sehr wenig Aufmerksamkeit — er kürzt sie sogar bedeutend, scheint also grössere Ausführlichkeit nach der in seiner Uebertragung Beda's gegebenen Geographie Britanniens für überflüssig zu halten — und zweitens war er den grössten Teil seines Lebens so ausschliesslich mit dem von den räuberischen Dänen beständig bedrohten Osten und Süden seines Reiches beschäftigt, dass es verzeihlich ist, wenn er, wenigstens zur Zeit als er den Or. übersetzte, über die Lage der westlichen Nachbarinsel nicht genau unterrichtet war, oder doch die Entfernung zwischen ihr und Spanien für geringer hielt, als sie in Wirklichkeit ist.

II. Historischer Teil.

In seiner Bearbeitung des zweiten Teiles, der, von Buch 1, Kapitel 2 bis zum Ende des Werkes, die Weltgeschichte enthält, hat Æ. ungleich mehr Kürzungen und ungleich weniger umfangreiche und bedeutende Erweiterungen vorgenommen, als in der Erdbeschreibung. Im Ganzen aber ist seine Darstellung gerade da, wo er sich am engsten an seine Vorlage anschliesst, beträchtlich breiter geworden; und dies hat seinen Grund einerseits in Ælfreds stetem

---

[1] Irland, cf. p. 11, Anm. 1.

Bemühen, seinen Angelsachsen das Verständnis des Gesagten durch Erläuterungen und durch Bezugnahme auf heimische Verhältnisse zu erleichtern, andrerseits in der Ungelenkigkeit seiner noch auf niedriger Entwickelungsstufe stehenden Muttersprache, welche häufige Umschreibungen und Wiederholungen unvermeidlich machte. Mit Recht sagt ten Brink[1]: „Der englischen Sprache hatte er in dem Kampfe mit den Perioden eines oft nichts weniger als einfachen und klaren Stilisten keine leichte Aufgabe gestellt". Die Durchführung dieser Aufgabe aber von einem Manne, der seine Sprache so vollkommen beherrschte, wie Ælfred, konnte nicht verfehlen, die Ausbildung der Letzteren in hohem Grade zu fördern und hat dem Könige den wolverdienten Namen des besten ags. Prosaikers erworben.

In dem Verfahren, das Æ. bei der Bearbeitung des geschichtlichen Teiles beobachtet hat, bieten sich naturgemäss, schon wegen der gänzlichen Verschiedenheit des Stoffes von dem im ersten Abschnitt, ganz neue Gesichtspunkte. Es handelt sich hier nicht blos um Streichung des Ueberflüssigen und Berichtigung des vermeintlich Falschen, um zweckmässige oder aus irrtümlicher Auffassung entstehende Aenderungen und um erläuternde Zusätze aus des Königs eigenem Wissen; wir finden auch Abweichungen, die eine tiefere psychologische Begründung haben, deren Motive man nur erkennen kann, wenn man sich an Ælfreds Stelle, in sein Land und seine Zeit versetzt. Auch dann bleibt uns noch Manches dunkel; aber wo wir die Beweggründe des Königs erkennen können, erhalten wir einen tiefen Einblick in sein Gemütsleben, seinen Charakter und seine Grundsätze.

a) Auslassungen.

Das Werk des Or. hat, wie ich schon oben gesagt habe, unter der Hand Ælfreds eine ganz veränderte Gestalt bekommen. Haben schon die ersten 4 Bücher desselben, und von diesen besonders das zweite, umfassende Kürzungen

---

[1] Geschichte der Englischen Litteratur, Bd. 1, p. 95.

erfahren, so ist dies in noch weit höherem Grade bei dem fünften und sechsten Buche der Fall. Der Grund hierfür ist jedenfalls in dem Umstand zu suchen, dass dieselben zum grösseren Teil aus den Schilderungen der griechischen und römischen Bürgerkriege bestehen (cf. p. 21). Æ. hat hier so viele Streichungen vorgenommen, dass er sich gezwungen sah, die beiden Bücher in eines zusammenzufassen, da sie getrennt zu wenig umfangreich waren. Das siebente Buch, bei Æ. also das sechste, ist weniger gekürzt worden, als die beiden vorhergehenden, etwa in dem Masse wie das zweite. Die ganze Bearbeitung ist mit grosser Freiheit und Selbständigkeit ausgeführt; der Stoff ist sorgfältig gesichtet, Unbrauchbares ausgeschieden, Brauchbares oft in einer den Zwecken des Bearbeiters mehr entsprechenden Weise angeordnet. Die grosse Menge der Auslassungen[1] macht es unmöglich, sie auch nur annähernd vollzählig anzuführen; ich muss mich daher auf die Besprechung der bedeutenderen unter ihnen beschränken.

Im Allgemeinen macht sich, wie im geographischen Teil, das Bestreben geltend, die verwirrende Häufung fremder Namen zu vermeiden; und so wird von Æ. Manches gestrichen, was wol den geschichtskundigeren Zeitgenossen des Or. von Bedeutung war, den Angelsachsen aber inhaltlich und örtlich zu fern lag. Dazu gehören auch die Stellen, in denen Or. auf die Mythologie und die Heldensagen der Alten Bezug nimmt; Æ. war wol selbst in diesen Fächern wenig bewandert, und die Angelsachsen mit ihrer urwüchsigen germanischen Götterlehre hätten für die geistvollen, anmutig-leichtlebigen Vorstellungen der Griechen ohnehin kein Verständnis gehabt. Als unwesentlich lässt Æ. die zahlreichen, der Tendenz des lat. Werkes angemessenen Berichte von Unglücksfällen, wie Feuersbrünste, Ueberschwemmungen, Erdbeben etc. weg. Orosius sucht seiner Zusammenstellung den Anschein der Gewissenhaftigkeit zu geben, indem er an mehreren Stellen (pp. 44 f., 54 f., 261, 282) die Worte seiner Quelle citirt oder die Angaben verschiedener von ihm benutzter Historiker vergleicht und Gründe für ihre Abweichungen von einander anführt; Æ. verlässt sich jedoch ausschliesslich auf seine Vorlage und erwähnt nur in vereinzelten Fällen (z. B. p. 32, 28) eine ältere Quelle.

---

[1] Unter den 512 Spalten des lat. Werkes in Migne's Ausgabe sind nur zwei der kürzesten (9 bez. 10 Zeilen) wörtlich und unverkürzt herübergenommen.

Wie sorgsam Æ. bedacht war, schädliche Einflüsse von seinem Volke fernzuhalten, zeigt sein Verfahren in Betreff der Stellen obscönen Inhalts, in denen Or. sich als keineswegs zurückhaltend erweist. Wo die Natur des Gegenstandes eine Herabmilderung in der Wiedergabe überhaupt unmöglich macht, streicht Æ. die betreffenden Stellen gänzlich; wo es sich nur um anstössige Einzelheiten handelt, begnügt er sich damit, diese wegzulassen oder zu umschreiben. So kommen die Erzählungen von der Philomele (p. 60), von Tantalus und Ganymed (p. 61), von der Blutschande des Ptolemäus (p. 299) und des Caligula (p. 446), von den sexuellen Verirrungen des Nero (p. 452 f.) einfach in Wegfall, während die von den Weibern der Skythen (Or. p. 64, Æ. p. 44, 17) und von denen der Perser (Or. 72, Æ. 54, 1) nur von dem Unsittlichen gereinigt werden.

Bei Ælfred's idealer Auffassung der Pflichten und der Würde eines Herrschers, der er im zweiten Buch seiner Bearbeitung des Boetius einen so edlen Ausdruck verliehen hat, musste es ihm bedenklich erscheinen, sein Volk mit den Lastern und Verbrechen, sowie mit dem tragischen Ende mancher Könige der alten Welt bekannt zu machen. Dieser Erwägung sind eine grosse Zahl von Auslassungen zuzuschreiben; am deutlichsten zeigt sich ihr Einfluss darin, dass Æ. die Berichte von dem unwürdigen Tode einer Anzahl von Herrschern umgeht oder ändert. So werden Aristonicus (p. 299) und Jugurtha (p. 312) nach Orosius im Kerker erdrosselt; Æ. sagt nur, sie seien daselbst gestorben. Den schimpflichen Tod des Vitellius, dessen Leichnam in den Tiber geworfen wurde (p. 458), sowie die Erdrosselung des Commodus übergeht Æ. gänzlich. Ebenso unwürdig erschien ihm, dass Könige Hand an sich legten; abweichend von seiner Vorlage berichtet er daher, dass Otho im Kampfe gegen Vitellius gefallen, Galerius seiner Krankheit unterlegen sei. Aus ähnlichen Gründen verschweigt er die Verbrechen des Tiberius (pp. 441 f.), des Nero (453 f.) und des Domitian (463 f.).

Eine Reihe längerer Auslassungen ist auf den Nationalstolz des Bearbeiters zurückzuführen. Ælfred vergass nie, dass er als Sachse ein Angehöriger des grossen germanischen Völkerstammes war und dieses Bewusstsein macht sich nirgends mehr geltend, als in seiner Darstellung der verschiedenen Kriege zwischen Germanen und Römern. Er zeigt sich hier durchweg sehr parteiisch; Niederlagen seiner Stammesverwandten übergeht er gänzlich oder mildert er doch bedeutend; Siege derselben verfehlt er nie anzuführen. Bezeichnend für dies Verfahren ist seine Behandlung des Zuges der Cimbern und Teutonen (Or. 314 ff., Æ. 230, 31 ff.). Den Sieg derselben über die Römer (bei Noreja?) bespricht er eingehend, wenn auch in etwas verwirrter Weise, da ihm offenbar die Wörter *calo* und *lixa* Schwierigkeiten bereiteten; die Zerstörungswut der Germanen nach der Schlacht lässt er gänzlich unerwähnt; die Niederlage der Tiguriner und Ambronen, die er einfach Gallier nennt, berührt er ganz kurz; die ausführliche Schilderung des Or. von der Vernichtung der Cimbern und Teutonen bei Vercellä lässt er wiederum vollständig weg. Dazu mögen ihn allerdings auch die grauenerregenden Einzelheiten des Untergangs der germanischen Weiber und Kinder veranlasst haben, die ihm zur Wiedergabe wenig geeignet scheinen mussten. Aehnlich verhält es sich mit der Besiegung des Ariovist (p. 370 ff.), die jedoch auch, wie die gesamten gallischen Kriege Cäsar's einfach zum Zwecke der Kürzung gestrichen worden sein kann. Die erste und die zweite Landung Cäsar's in Britannie und die Unterwerfung der Insel erwähnt er nur sehr kurz. Einen trefflichen Beleg für das oben Gesagte liefert aber Kap. XXI des 6. Buches bei Orosius, das in Ælfreds Bearbeitung in den ersten drei Abschnitten des 15. Kapitels, 5. Buch, zusammengefasst ist. Die Unterwerfung Spaniens, der Pannonier, Sarmaten und anderer Völker wird hier von Æ. in wenigen Sätzen berichtet; die bei Or. dann folgenden Siege des Drusus in Germanien werden vollständig übergangen; gleich darauf aber nimmt Æ. die Notiz von der Niederlage des Varus fast wörtlich herüber und erweitert sie überdies durch Ausschmückungen aus seiner eigenen Phantasie, die darauf zielen, das Verhalten der Germanen im günstigsten Lichte erscheinen zu lassen. Ferner lässt Æ. die friedliche Besitznahme von Britannien durch Claudius (p. 449 f.), bei deren Besprechung auch die Franken und Sachsen in wenig schmeichelhafter Weise genannt werden, unerwähnt; die Besiegung der Sachsen durch Valentinian stellt er einfach als eine Zurückdrängung in ihr Gebiet dar (Æ. 288, 20 f.).

Die Nationalität des Uebersetzers macht ihren Einfluss auch in der Wiedergabe lat. Bezeichnungen und in der Schilderung antiker Zustände, Sitten und Gebräuche geltend. Das reiche und interessante Material, das sich uns in dieser Hinsicht bietet, wird am Schlusse dieser Arbeit in einem besonderen Abschnitt besprochen werden. An dieser Stelle ist nur eine Auslassung zu erwähnen, die ihren Grund in den heimischen Anschauungen Ælfred's hat. Or. berichtet (p. 170), dass nach der Niederlage in den kandinischen Pässen das römische Heer unter das Joch geschickt worden sei. Ælfred, dem offenbar dieser Kriegsbrauch und seine Symbolik unbekannt war, erwähnt nur die Wegnahme der Kleider und Waffen, fasst aber die Zurückbehaltung von 600 Geiseln so auf, als ob diese Leibeigene der Sieger geworden wären und fügt hinzu, es sei diese Behandlung des römischen Heeres zu jenen Zeiten als der grösste Schimpf betrachtet worden (p. 122, 1 ff.). Er steht also in seiner Auffassung des Vorganges ganz auf germanischem Boden.

Einem Herrscher wie Ælfred, dessen Lebensziel es war, in seinem Lande geordnete Zustände zu schaffen und zu erhalten und durch Sicherung der inneren und äusseren Ruhe Kultur und Wohlstand zu heben, musste die Schilderung der unheilvollen Bürgerkriege der Griechen und Römer im höchsten Grade widerstreben. Gewiss hätte er sie, um seinem Volke nicht ein so schlechtes Beispiel vor die Augen zu führen, am liebsten ganz unerwähnt gelassen, wenn dies bei ihrem entscheidenden Einfluss auf die Geschicke der beiden Völker nicht von vornherein unmöglich gewesen wäre. So beschränkt er sich denn darauf, den Gang der Ereignisse in den Hauptsachen vorzuführen und alle Einzelheiten, mit wenigen Ausnahmen, zu streichen. Wo wir ein Abweichen von dieser Regel finden, lässt sich der Grund dazu unschwer erkennen. Ein interessantes Beispiel dieser Art bietet die Wiedergabe der messenischen Kriege (Or. 75 ff., Æ. 56, 13 ff.). Die Darstellung des Or. ist hier gänzlich verwirrt und fehlerhaft; er berichtet von drei verschiedenen Feldzügen, die er augenscheinlich als schnell hinter einander folgend auffasst und bringt zuletzt gar noch Perikles und Sophokles mit hinein, vermischt also offenbar den zweiten messenischen mit dem peloponnesischen Krieg. Æ. fand in dieser Darstellung einige Punkte, die sein Interesse erweckten und ihn zu einer ungewöhnlich breiten Uebertragung veranlassten. Die Entschlossenheit der Spartaner, nicht eher heimzukehren als bis sie die Feste (Ira?) erobert hätten, erregt seine Bewunderung[1], und die aus der Besorgnis, dass ihnen bei einer längeren Dauer des Krieges der Nachwuchs fehlen werde, entspringende Massregel der Heimsendung eines Teiles der Männer wird von Æ. als durch die Umstände geboten betrachtet und als ein Beispiel von Umsicht unverkürzt beibehalten. Seine Eingenommenheit für die Spartaner zeigt sich darin, dass er die missbilligenden Worte des über jene Massregel entrüsteten Orosius ebenso wie dessen Angabe, die Feste sei schliesslich durch Verrat genommen worden, einfach unterdrückt. Besonders aber erregt sein Gefallen die Führerschaft des Tyrtäus. Von Jugend auf für seine nationale Dichtung begeistert und in ihr bewandert, wie kaum einer seiner Zeitgenossen, musste es ihn an die alten Bräuche seines eigenen Volkes erinnern, wenn er las, dass die Spartaner durch die Dichtkunst zu siegreichem Kampfe angefeuert wurden. Er überträgt den Vorgang in der That ganz auf heimischen Boden; der athenische Dichter ist ein *scop* und der Vorgang wird mit den typischen Worten des ags. Volksepos erzählt: *Se heora cyning* (*Tyrtäus*) *onӡan ða sinӡan and ӡiddian* (*and mid pœm scopleoðe heora mod swiðe ӡetrymede*), denn so versteht Æ., in dessen Vorstellung Dichtung und Gesang unzertrennlich sind, das *recitare* des Orosius. Die Lebendigkeit, mit der er einen Vorgang erfasste und sich mitten hinein versetzte, zeigt sich noch in dem selbständigen Zusatz: „so sehr (wurden sie ermutigt), dass sie sagten, sie könnten es nun mit den Messenern aufnehmen".

Die im weiteren Verlauf der Geschichte vorkommenden Bürgerkriege enthalten wenig für Ælfred Interessantes und werden daher grossenteils in der oben angegebenen Weise behandelt. Die Haupt-

---

[1] cf. die Einschiebung p. 50, 10—12.

daten des peloponnesischen Krieges, dessen Schilderung in dem lat. Werke 4 Kapitel füllt (pp. 116—127) fasst Æ. in zehn Zeilen (p. 90, 5—14) zusammen; Alcibiades, die dreissig Tyrannen und Thrasybul lässt er ganz unerwähnt. Den korinthischen Krieg (pp. 140—142) kürzt er ebenfalls sehr. In der Geschichte der Hegemonie Thebens zieht die gelegentlich der Schlacht von Leuktra erwähnte Sitte, nach welcher sich die Griechen durch Ausforderung ihrer Gefallenen für besiegt erklärten, Ælfred's Aufmerksamkeit auf sich, wie überhaupt alle Gebräuche ähnlicher Art ein besonderes Interesse für ihn besitzen. Er gibt die betr. Stelle vollständig und mit den seinem Style eigentümlichen Ausschmückungen wieder, übergeht aber den weiteren Verlauf des Krieges (pp. 143, 8 bis 145, 2), so dass die Verbindung mit dem in der Uebertragung zunächst Folgenden gänzlich fehlt. Aehnlichen Fällen begegnen wir noch oft; es kann Æ. der Vorwurf nicht erspart werden, dem kausalen Zusammenhang der Ereignisse zu wenig Beachtung geschenkt zu haben. — Dem Missfallen Ælfred's an inneren Unruhen ist ferner zuzuschreiben die Streichung der von den Gracchen handelnden Kapitel (pp. 296, 8 bis 297, 9). Der König betrachtete die Bestrebungen der beiden Brüder offenbar als verbrecherisch; er erwähnt, der eine sei ermordet worden, weil er „mit allen den andern Konsuln[1] Streit angefangen" habe. — Den Aufstand des Saturninus (p. 319, 11 bis 321, 2) übergeht Æ. ebenfalls[2]; den Bundesgenossenkrieg berührt er in wenigen Zeilen. Den ersten Bürgerkrieg (Or. pp. 327, 13 bis 344, 6) fasst er in zwei Abschnitten eines Kapitels zusammen (p. 236, 1—25), indem er in gedrängter Kürze den Gang der Ereignisse vorführt, die Einzelheiten des Parteikampfes jedoch sorgfältig umgeht. Abweichend von Or., der entschieden auf der Seite Sulla's steht, zeigt sich Æ. geneigt, das Vorgehen des Marius zu entschuldigen; er bezeichnet Cinna und Sertorius als die Urheber alles Uebels und verschweigt die Umstände, die das siebente Konsulat des Marius begleiteten. Die Vernichtung der Anhänger desselben (pp. 340 ff.) lässt er gleichfalls unerwähnt. Den zweiten Bürgerkrieg kürzt Æ. weniger, als den ersten; hier scheint ihn die Person Cäsar's besonders angezogen zu haben. Er übergeht zwar die Kämpfe der beiderseitigen Unterbefehlshaber in den verschiedenen Teilen des Reiches (p. 396), behandelt aber alles, was zwischen den beiden Hauptpersonen vorfiel, mit grosser Ausführlichkeit, so dass im Ganzen nur etwa ein Drittel der Darstellung des Or. in Wegfall gekommen ist. Die auf die Ermordung Cäsar's folgenden Kämpfe (pp. 407, 20 bis 413, 15) streicht Æ. hingegen gänzlich. Aehnlich verfährt er in Bezug auf die im späteren Kaiserreich so häufig wiederkehrenden Parteikämpfe und Befehdungen der Gegenkaiser unter einander, deren Geschichte so viele blutige

---

[1] cf. Schluss des Kapitels „Namen und Bezeichnungen".
[2] Nur der Tod des Saturninus wird kurz erwähnt.

Verbrechen aufweist; die eingehende Schilderung einer Zeit, in welcher der Thron den Mittelpunkt der allgemeinen Verderbnis bildete, hätte den Angelsachsen ein schlimmes Vorbild werden und das Ansehen der Herrscherwürde ernstlich schädigen können.

Der Gesichtspunkt, von welchem aus die verhältnismässig grösste Zahl von Auslassungen vorgenommen wurde, ist die Beseitigung des christlich-tendenziösen Charakters, den das Werk des Orosius trägt. Die Umstände, welche zur Abfassung des Letzteren führten und die ich in der Einleitung besprochen habe, machten es nach Inhalt und Zweck zu einer apologetischen Schrift; Æ. aber wollte seinem Volke ein Lehrbuch der Geschichte und Geographie an die Hand geben und musste daher, abgesehen von der idealen Unparteilichkeit des Geschichtsschreibers, die wir im 9. Jahrhundert schwerlich erwarten können, viel sachlicher verfahren, als seine Vorlage, deren Tendenz inzwischen mit dem Schwinden ihrer Grundbedingungen aufgehört hatte, zeitgemäss zu sein. Es ist schon weiter oben bemerkt worden, dass Or. sich keine Gelegenheit entgehen lässt, Betrachtungen anzustellen über die Schrecken der heidnischen und die Segnungen der christlichen Zeit; er schickt jedem seiner sieben Bücher ein Kapitel ähnlichen Inhalts voraus, schliesst' mehrere derselben in gleicher Weise und bricht ausserdem sehr häufig mitten in der Erzählung ab, um sich über sein Lieblingsthema zu ergehen. Die meisten dieser Stellen sind in Ælfreds Bearbeitung weggelassen. So streicht er ganz im Anfang die *Praefatio ad Aurelium Augustinum* und das erste Kapitel[1] des ersten Buches, das hauptsächlich von dem Ursprung des Bösen handelt. Es würde zu weit führen, die zahlreichen Auslassungen einzeln zu besprechen; ich beschränke mich daher darauf, im Folgenden anzugeben, wo die bei Æ. fehlenden Stellen in dem lat. Original zu finden sind. Ganze Abschnitte sind in Wegfall gekommen: Liber I: Capita III, VI; Liber III: Praefatio; Liber V: Capita II, XXII; Liber VI: Caput I; Liber VII: Capita I, XXVI, XXVII, XLI. Weitere aus demselben Grunde weggelassene Stellen grössern oder geringeren Umfanges finden sich bei Or. pp. 145, 223 ff., 239 f., 277 f., 279, 428 f., 434 f., 437, 438, 439, 443, 482, 500, 506, 526, 527, 531 f., 537, 540 f., 542. Die Prüfung dieser Stellen ergibt, dass Æ. nicht nur das Tendenziöse, sondern auch das specifisch Theologische und besonders die in der lateinischen Vorlage nicht seltenen Citate aus der Bibel sorgfältig vermeidet.

Nur wenige Ausnahmen von dem Gesagten sind zu verzeichnen.

---

[1] Ich citire hier und im Weiteren der Einfachheit wegen nach der bei Zangemeister gegebenen Kapiteleinteilung und bemerke, dass dieselbe zuerst von dem Herausgeber Bolsving 1526 willkürlich aufgestellt worden ist, also keinesfalls mit der uns gänzlich unbekannten Einteilung der von Æ. benutzten Hs. übereinstimmt.

Von einem so ergebenen Anhänger und eifrigen Förderer der Kirche, wie es Ælfred war, stand zu erwarten, dass er nicht gänzlich versäumen werde, bei passenden Gelegenheiten in den Lobgesang des lat. Autors auf die christliche Religion einzustimmen. In diesem Sinne schliesst sich Æ. an mehreren Stellen den Betrachtungen seiner Vorlage an: p. 48, 17 bis p. 50, 4, p. 58, 13—27, p. 62, 32 bis p. 64, 19, p. 192, 27—35. In jedem einzelnen dieser Fälle gibt er jedoch durch das eingeschobene „*cwæð Orosius*" und die direkte Rede ausdrücklich zu verstehen, dass das Angeführte seiner Vorlage entnommen ist. Mehrfach freilich nimmt Æ., wo sein ungeschulter Geist dem Ideengang des Or. nicht zu folgen vermochte, oder wo ihm die komplicirten Satzgefüge desselben Schwierigkeiten bereiteten, seine Zuflucht zu einem frommen Betrug, indem er unter dem Namen seines Vorarbeiters seine eigenen Gedanken wiedergibt. Auch erwärmt er sich an mehreren Stellen unverkennbar für den Gegenstand und wird dann in seinen Betrachtungen ganz selbständig; so z. B. p. 48, 27 bis p. 50, 2, wo er zugleich in der logischen Verwendung der Thatsachen für die Beweisführung zu Gunsten der christlichen Religion bedeutendes Geschick entwickelt. Als aus Or. herübergenommen müssen wir auch die verwandte Stelle p. 40, 23—30 betrachten, die im lat. Text im 11. Kapitel des ersten Buches stehen müsste, die ich aber weder da noch anderswo zu finden vermochte. Æ. führt die Worte selbst als die des Orosius an, und abgesehen von diesem Zeugnis ist die Stelle so ganz im Geiste des lat. Werkes geschrieben, dass wir Ælfred nicht wol für den Verfasser halten können. Wahrscheinlich beruht dieselbe auf einer Interpolation in der von Æ. benutzten lateinischen Hs.

Eine grosse Zahl bei der Bearbeitung übergangener Stellen bietet wenig oder keine Anhaltspunkte zur Ermittelung der Gründe, die zu ihrer Weglassung geführt haben mögen. Es wäre überhaupt ein vergebliches Beginnen, jede einzelne Streichung auf einen klar bewussten Denkprozess in dem Uebersetzer zurückführen zu wollen. Ælfred sah von Anfang an ein, dass er seine Vorlage bedeutend kürzen müsse, um sie für seine Zwecke brauchbar zu machen; er ging also einfach daran, Alles, was ihm nebensächlich schien, wegzulassen. Nur da, wo er Sachen von Bedeutung übergeht, sind wir berechtigt, nach einem Grunde zu forschen; und auch dann noch bleibt zu bedenken, dass Ælfred's Auffassung von der Wichtigkeit eines Ereignisses jedenfalls in manchem wesentlichen Punkte von der unseren verschieden war. Im Allgemeinen lässt sich als sicher hinstellen, dass Æ. der eingehenden Beschreibung von Kriegen abgeneigt war und sie, soweit möglich, zu vermeiden strebte; und da die Geschichte des Orosius zum weitaus grösseren Teile aus Kriegen besteht, so genügte dieses Motiv allein schon, um grosse Veränderungen hervorzurufen. Auf diese Weise können wir viele der zu erwähnenden Auslassungen erklären; andere sind einfach auf die Nebensächlichkeit ihres Inhalts zurückzuführen.

Es sind als übergangen noch zu nennen: Die Schlacht am Vorgebirge Mykale, pp. 108, 8 bis 109, 4; der Bericht von der Anmassung der Dezemvirn pp. 112, 12 bis 113, 15; die Geschichte Siziliens pp. 114, 13 bis 118, 11 (einzelne Daten, den poloponnesischen Krieg betr., sind herausgegriffen); die Betrachtung über die Botschaft des Artaxerxes an die Griechen pp. 135, 14 bis 136, 13; die Besprechung der Ungerechtigkeit der Römer in ihrer Behandlung des Mancinus und des Varro pp. 288, 8 bis 289, 18; die Verheerungen der Pest, pp. 302, 2 bis 303, 4; der Fechter- und Sklavenkrieg, pp. 344, 7 bis 348, 12; die beiden Mithridatischen Kriege pp. 356, 7 bis 367, 17 (kurz erwähnt bei Æ. p. 236); Cäsar's Kriege in Gallien und Belgien, pp. 369, 9 bis 377, 10 und 379, 5 bis 391, 7 (zusammen 5 Kapitel), wo ohne Zweifel die grosse Zahl neuer Namen nicht wenig dazu beitrug, Ælfred abzuschrecken); die Kriege und der Tod des Crassus pp. 391, 8 bis 392, 18; die Unterwerfung der Cantabrer und Asturer pp. 421, 15 bis 423, 15 (teilweise herübergenommen sind 422, 14—16 und 423, 1); die Beseitigung der Gegenkaiser des Gallienus pp. 483, 12 bis 484, 17; die Besiegung des aufrührerischen Statthalters Gildo durch Mascezil, den Feldherrn des Honorius, dem der hl. Ambrosius im Traume Ort und Zeit des Kampfes angibt, pp. 533, 2 bis 536, 15; Stilicho's Verrat und Untergang pp. 542, 16 bis 544, 12; der Einfall der Alanen, Sueven und Vandalen in Gallien und die Geschichte des Usurpators Constantin, pp. 549, 8 bis 552, 11; die Unterdrückung der sich gegen Honorius erhebenden Tyrannen, pp. 555, 5 bis 559, 4; die Verdrängung der Goten nach Spanien (kurz erwähnt Æ. p. 298), die Regierung des Ataulph, Segericus und Vallia und die Schlussbetrachtung des Orosius, pp. 559, 5 bis 561, 9. Ælfred bricht also seine Darstellung bei der Verlobung des Ataulph mit der Schwester des Honorius und der Niederlassung der Goten in verschiedenen Teilen des Reiches ab.

b) Aenderungen.

Die Einteilung des ags. Werkes weicht von der des lateinischen im Allgemeinen insofern ab, als infolge der umfassenden Kürzungen viele Kapitel entweder ganz verschwunden oder von anderen absorbirt worden sind.

Was die sachliche Behandlung des historischen Teils betrifft, so hatte Ælfred hier, der Natur des Stoffes gemäss, weniger Gelegenheit, als in der Erdbeschreibung, aus eigener Kenntnis die Angaben seiner Vorlage zu verbessern. Es ist daher nur eine kleine Zahl von Aenderungen zu verzeichnen, die die Absicht des Bearbeiters und die Verfolgung eines gewissen Zweckes erkennen lassen; die meisten Abweichungen von der Vorlage sind auf falsche Auffassung des lat. Textes zurückzuführen.

Ein einheitliches Prinzip in den Aenderungen der ersteren Art lässt sich nicht erkennen; sie besitzen nichts Gemeinsames und machen durchweg den Eindruck des Improvisirten. Ich führe sie daher in der Ordnung an, wie sie sich in der Bearbeitung Ælfred's finden.

An zwei Stellen hat Æ., wo von England die Rede ist, für die lat. Namen heimische gesetzt: p. 238, 25 *Cirenceastre* für *Trinobantum*, und p. 270, 14 *Eforwicceastre* für *Eboracum*. Ebenso überträgt er die lat. Masse in die seinen Landsleuten geläufigen Begriffe. Das römische *mille passuum* übersetzt er einfach mit „*mile*"; für das *cubitum* gibt er die Bezeichnung *elne* (p. 74, 15). Die Stadien macht er zu englischen Meilen, und diese Umrechnung lässt uns einen ziemlich sicheren Schluss ziehen auf das Längenmass, das die Angelsachsen mit *mile* bezeichneten. Or. sagt p. 96, 12, die Mauern Babylon's hätten einen Umfang von 480 Stadien gehabt; Æ. übersetzt dies (p. 74, 15) mit „*and his ymbʒonʒ is hundseofontiʒ mila and seofeða dæl anre mile*". Die Hinzufügung des Siebentels legt die Annahme nahe, dass Æ. die Angabe seiner Vorlage nicht nach ungefährer Schätzung in das heimische Mass übertragen, sondern die von ihm angeführte Zahl durch sorgfältige Ausrechnung ermittelt habe. Vorausgesetzt, dass beide Ueberlieferungen an dieser Stelle nicht verdorben sind, wäre also mit ziemlicher Sicherheit zu schliessen, dass eine angelsächsische Meile gleich 6,845 (annähernd 6⁶/₇) Stadien, nach neuerem Masse gleich 4277 Fuss oder 1266 Meter, das Stadium zu 625 Fuss resp. 185 Meter gerechnet, gewesen sei. — Etwas abweichend ist die Wiedergabe der Notiz Or. p. 451, 1 f., dass bei den Cykladen eine neue Insel aufgetaucht sei „*triginta stadiorum spatio extenta*". Æ. übersetzt dies mit: *V mila brad and V mila lonʒ*; abgesehen davon, dass er die Angabe seiner Vorlage auf zwei Dimensionen, die Breite wie die Länge, bezieht, rechnet er dieses Mal die ags. Meile zu nur sechs Stadien. Vielleicht ist hier die Ueberlieferung eine schlechte; aber es ist auch sehr wahrscheinlich, dass Æ. bei der Anführung eines so nebensächlichen Umstandes nicht für nötig hielt, sehr gewissenhaft zu verfahren und sich damit begnügte, eine runde Summe zu geben.

Von den römischen Heeresabteilungen scheint Æ. keine klare Vorstellung gehabt zu haben. Die Kohorte nennt er *coorta*, *legiones* gibt er mit *leʒion* wieder; die Stärke dieser Abteilungen überschätzt er jedoch bedeutend. p. 240, 32 ff. sagt er: „*He (Pompeius) hæfde eahta and eahtatiʒ coortana, þæt we nu truman hatað, þæt wæs on þæm daʒum V hund monna and an M.*". Woher er diese Angabe nimmt, ist nicht ersichtlich. Aus dem Gebrauch der Ziffern könnte man versucht sein, auf eine lat. Quelle zu schliessen; indess bedient sich Æ. derselben ganz gewöhnlich, bei den Jahreszahlen von Buch II, Cap. V ab sogar immer, wenn auch nicht ausschliesslich.

Nach Or. p. 400, 1 ff. bestand das Heer des Pompeius aus 88 Kohorten, zusammen 40000 Fusssoldaten, das des Cäsar aus 80 Kohorten oder 30000 Fusssoldaten; der Begriff einer Kohorte ist also auch bei ihm kein fester, doch hätte eine einfache Division Æ. zeigen müssen, dass die Durchschnittsstärke einer solchen 400 bis 500 Mann betrug.

Bei einigen Aenderungen bleibt es zweifelhaft, ob sie beabsichtigt sind oder auf einem Versehen beruhen. Or. spricht p. 63, 6 ff. von dem Minotaurus als einem *informe prodigium* und sagt, er wisse nicht, ob er ihn einen *ferus homo* oder eine *humana bestia* nennen solle; Näheres über das Aussehen desselben gibt er nicht. Æ. schildert ihn jedoch als „*healf mon, healf leo*" (p. 42, 29). Es ist nicht unmöglich, dass er von der Sphinx gehört hatte und dass ihm die Gestalt derselben an dieser Stelle vorschwebte.

Ebenso kann man nicht ohne Weiteres von einem Versehen sprechen, wenn Æ. in mehreren Fällen für *Macedonien Creca lond* setzt (p. 50, 29 u. a. m.). Er hält Ersteres einfach für einen Teil von Griechenland; wenn er von Letzterem spricht, stellt er es sich stets in der Ausdehnung des späteren byzantinischen Kaiserreiches vor. So spricht er auch von „*Pirrus, se reða Creca cyning*" (p. 48, 15), und von Philipp sagt er „*he feng to Macedonia rice on Crecum*" (p. 110, 15 f.).

Von der Schlacht bei Heraclea erzählt Or., dass, als die Römer durch die Elephanten des Pyrrhus in Verwirrung gebracht sich zur Flucht wanden, 'ein gewisser Minucius einem dieser Tiere „*protentam in se manum gladio desecuit*". Ælfred, der offenbar weder jemals einen Elephanten gesehen hatte, noch das Aussehen eines solchen aus Beschreibungen kannte, stiess sich an dem Worte *manus*, das ihm bei einem Vierfüssler unbegreiflich schien; er begriff aber, dass das Tier an einer leicht verwundbaren und sehr empfindlichen Stelle seines Körpers getroffen worden war und übersetzte daher in seiner charakteristisch anschaulichen Weise: „*he* (Minucius) *zenedde under ænne elpent ꝥ he hiene on pone nafelan ofstang*" (p. 156, 10).

Eine interessante Aenderung findet sich in der Beschreibung der Schlacht von Pharsalus (Or. p. 400, 11 ff., Æ. p. 242). Æ. spricht hier vorerst von der *triplex acies*, deren Erklärung er noch anschaulicher macht durch den Zusatz, die Feldherrn seien stets bei dem mittleren Schlachthaufen gewesen. Die Worte, die Or. den Pompeius „*inter hortandum*" zu seinen Soldaten sagen lässt: „*parce civibus*" fasst Æ. jedoch so auf, als ob sie an Cäsar gerichtet wären und erweitert sie zu einer Ermahnung, das alte Uebereinkommen (*zecwedrædenne*) und die frühere Kameradschaft nicht zu vergessen. Was für ein Uebereinkommen dies gewesen, erfahren wir einige Zeilen weiter, wo Æ. erklärt, die Römer hätten festgesetzt, dass im Kampfe keiner den andern in das Gesicht schlagen dürfe. Zu dieser Auffassung wird Æ. durch die Worte Cäsar's „*Miles, faciem feri*" verleitet, über deren

Veranlassung Or. nichts berichtet und deren eigentümlichen Charakter Æ. sich nur durch die Annahme erklären kann, Cäsar habe dem Pompeius gerade durch die rücksichtslose Nichtbeachtung einer alten Sitte seinen Hass beweisen wollen. So erweitert Æ. auch Cäsar's Worte zu einer längeren an Pompeius gerichteten Entgegnung, in welcher der Sprecher die Anrede *gefera* zurückweist und seine Feindschaft offen erklärt: „Einst warst du mein Kamerad, aber da du es nun nicht mehr bist, ist mir Alles am liebsten, was dir am meisten leid ist".

Von dem Kaiser Commodus erzählt Or., er habe oft in der Arena mit Gladiatoren und wilden Tieren gekämpft. Ein solches Verhalten liess sich mit Ælfred's Auffassung der Würde eines Herrschers nicht vereinigen, wir finden daher in der Bearbeitung nur die Angabe, Commodus habe oft *anwig* gekämpft (p. 268, 28). Darunter aber verstanden die Angelsachsen einen Zweikampf aus sehr ernster Veranlassung und mit einem ebenbürtigen Gegner. Von dem *circus* und dem *theatrum* scheint Æ. überhaupt keine klare Vorstellung gehabt zu haben; nach p. 102, 10 ff. und p. 208, 33 wusste er, dass darin Spiele abgehalten wurden, indess brachte er diese, wenn wir uns auf den Wortlaut der letzteren Stelle verlassen können, irgendwie in direkte Beziehung zu den heidnischen Göttern. Auch dass er *subsellia* mit *syla* übersetzt (210, 4) lässt auf ein Missverständnis ähnlicher Art schliessen.

Bemerkenswert ist ferner die Aenderung, die Æ. in der Beschreibung des wunderbaren Sieges des Theodosius über Arbogastes und den Tyrannen Eugenius vorgenommen hat. Bei Or., p. 529, 9 ff. finden wir den Kaiser plötzlich auf der Höhe der Alpen, *„expers cibi ac somni, ... destitutus suis, ... clausus alienis"*, ohne dass uns der Autor irgendwelchen Aufschluss darüber gibt, wie jener so ganz allein dahin gekommen. Theodosius macht sich nach einer im Gebet verbrachten Nacht auf den Weg und wird von seinen Gegnern in einem Hinterhalt gefangen genommen. Da aber übt seine Erscheinung einen so mächtigen Einfluss auf den feindlichen Unterbefehlshaber aus, dass dieser sich ihm unterwirft und ihm seine Truppen zur Verfügung stellt. Bei dem Zusammentreffen mit der Hauptmacht der Gegner verleiht ein heftiger Sturm den Geschossen der Kaiserlichen doppelte Kraft, während er die der Feinde auf ihre Absender zurückschleudert, so dass nach kurzem Kampfe das Heer des Usurpators sich Theodosius ergibt. Erst nachträglich und ganz gelegentlich spricht Or. von 10000 Goten, die Theodosius vorausgeschickt habe und die von den Feinden niedergemacht worden seien (p. 531, 18 f.). Dies und die ganze Art wie Or. die Vorgänge behandelt, beweist, dass er dieselben als allgemein bekannt voraussetzte und so erklärt sich auch der Umstand, dass er die vorhergehenden, für Theod. ungünstigen und überdies nichts Wunderbares enthaltenden Ereignisse bis zu der einsamen

Wanderung des Kaisers auf den Alpen einfach übergangen hat. Dass Theod. seine ganze Heeresmacht vorausgeschickt habe und allein nachgefolgt, auf diese Weise also in die erwähnte Notlage geraten sei, ist sehr unwahrscheinlich; man sollte doch meinen, dass er einen Teil seiner Truppen, wenn nicht gar den Kern derselben, bei sich behalten habe. Dieser Ansicht ist auch Ælfred, obwol dieselbe zur Erklärung der späteren verlassenen Lage des Kaisers die durch die Worte des Or. p. 531, 18 f.[1] verbotene Annahme einer zweiten Katastrophe nötig macht. Æ. umgeht diese Schwierigkeit auf sehr einfache Weise. Nach seiner Darstellung (p. 294, 15 ff.) zieht Theod., unbeirrt durch den Untergang der 10000 Goten, die zur Einnahme der Pässe[2] vorausgeschickt waren, mit seinem *fultum* gegen die Empörer, tötet die Anführer und zwingt das Heer zur Unterwerfung. Kein Wort von der einsamen Wanderung des Kaisers oder von der Hülfeleistung des feindlichen Unterbefehlshabers. In der Schilderung des Sturmes vermeidet er sorgfältig die argen Uebertreibungen, deren sich Orosius schuldig macht; durch seine gemässigte Darstellung nimmt er dem Vorgange das Unwahrscheinliche, dass er in dem lat. Texte an sich trägt. Die ganze Art, wie Æ. dieses Kapitel umgearbeitet hat, macht den Eindruck, als ob er sich bemüht habe, den Ereignissen alles Wunderbare zu nehmen und sie als einfach naturgemäss hinzustellen. Dies, zusammen mit der Weglassung der Besiegung Gildo's und anderer an das Uebernatürliche grenzender Dinge, die Or. berichtet, könnte uns zu dem willkommenen Schlusse verleiten, dass Æ. einen Ansatz genommen habe, sich über den engherzigen Orthodoxismus seiner Zeit zu erheben — wenn wir nicht aus seiner Uebertragung des Beda, und mehr noch aus der auf seine Veranlassung entstandenen Uebertragung der Dialoge des Gregor, wüssten, dass er noch gänzlich in dem mittelalterlichen Wunderglauben befangen war. Immerhin aber bleibt die Thatsache beachtenswert, dass er in der Bearbeitung des Orosius die einzigen Fälle, wo er die Macht seiner Religion in der direkten Beeinflussung irdischer Vorgänge darthun konnte, übergangen oder ihres wunderbaren Charakters beraubt hat.

Die Anordnung des Stoffes wird von Æ. oft beträchtlich und mit nicht geringem Geschick verändert. So ist Kapitel 1 des 6. Buches, welches von der Bedeutung der Zahl Sieben für die Geschichte der Hauptreiche des Altertums handelt, aus dem zweiten und dritten Kapitel

---

[1] Die Stelle besagt, dass ausser den 10000 Goten und den beiden Leitern der Empörung in diesem Kriege Niemand umgekommen sei.

[2] Diese Motivirung ist in keiner der zahlreichen von Zangemeister collationirten lat. hss. zu finden und beruht wahrscheinlich auf einer Interpolation. Von Æ. stammend wäre sie ein Beweis grossen Scharfsinnes, der uns übrigens bei der von ihm gezeigten Vorliebe für alles Strategische nicht überraschen würde.

des 7. Buches bei Or. entstanden, indem Æ. nach umfassenden Streichungen die die einzelnen Reiche betreffenden Angaben sammelte und chronologisch auf einander folgen liess. Ebenso zweckmässig hat er auch die Erzählung von der Busse und dem Tode des Valens neu geordnet. Besonders häufig sind die Stellen, wo er bei Or. erst später folgende Angaben vorausnimmt. So zählt er, als er zu dem Regierungsantritt Philipp's kommt, sogleich die Völkerschaften auf, die dieser später unterwarf (p. 110. 13 ff.); und während Orosius erst als er von der Habsucht Nero's spricht (p. 454, 3), nebenbei erwähnt, dass Augustus seiner Zeit die durch das Feuer zerstörten Stadtteile aus Marmor wieder aufgebaut habe, findet sich diese Angabe[1] bei Æ. an der gehörigen Stelle, nach dem Berichte vom ersten Brande Roms. So macht er auch, wo von der Besiegung des Ninus durch die Skythen die Rede ist (p. 30, 4), die Angabe, letztere seien sehr arm an irdischen Gütern gewesen; bei Or. ist dieser Umstand erst bedeutend später erwähnt (p. 64, 5). Wir können also mit Sicherheit schliessen, dass Æ., als er sich an seine Uebertragung machte, bereits das ganze lat. Werk, oder doch wenigstens sehr grosse Stücke desselben gelesen hatte und nun die erworbene Kenntnis des Stoffes zu gelegentlichen zweckmässigen Aenderungen in der Anordnung desselben verwandte. Besonders für Einzelheiten entwickelt Æ. ein vortreffliches Gedächtnis; das beweisen z. B. die Fälle, in denen er Weggelassenes bei einer späteren Gelegenheit nachholt, oder früher Gesagtes wieder in das Gedächtnis zurückruft. So rühmt er p. 254. 6 ff. noch nachträglich die Demut des Augustus, der sich nicht *dominus* nennen lassen wollte; bei dem Bericht von dem Brand der kapitolinischen Bibliothek unter Commodus (268, 29 ff.) gedenkt er mit Bedauern des analogen Vorfalls in Alexandria, den er, was von einem so grossen Bücherfreunde befremden musste, vorher nicht erwähnt hatte. So erinnert er ferner, um seinen Lesern die Anknüpfung an das Vorhergehende zu erleichtern, bei der Angabe des Jahres, p. 86, 20, daran, dass dies dasselbe sei, in welchem die Sabiner die Römer überlisteten, als 306 Mann von jedem Volke zum Einzelkampf auszogen (die Fabier! cf. p. 90).

Die grosse Mehrheit der Abweichungen des ags. Textes von dem lateinischen ist von Æ. nicht beabsichtigt worden und beruht, wie schon weiter oben gesagt, auf fehlerhafter Uebersetzung oder irrtümlicher Auslegung der Vorlage.

---

[1] Nur darauf können sich die Worte Ælfred's p. 252, 25: „*hie eft Azustus swa micle bet ʒetimbrede . . . þætte sume men cwædon þæt heo wære mid ʒimstanum ʒefrætwed*" beziehen. Æ. wusste offenbar nicht genau, was Marmor sei, schloss aber aus dem Zusammenhang, dass irgend ein kostbares Material damit gemeint sein müsse.

Wir betrachten zuerst die sehr häufigen Fälle, in denen Zahlenangaben[1] jeder Art in der Uebertragung mehr oder weniger entstellt erscheinen und die allerdings blosser Nachlässigkeit zuzuschreiben sind. Abgesehen von den der [Kürze halber abgerundeten Zahlen, wo bei Hunderten oft die Zehner, bei Tausenden die Hunderte weggelassen sind, finden sich einige siebenzig Aenderungen, deren Erklärung anderswo zu suchen ist. Wie viele davon auf Rechnung des ags. Schreibers zu setzen sind, kann nicht abgesehen werden; doch ist die Ueberlieferung eine so alte, dass wir schwerlich annehmen können, es seien bei dem Copiren viele Fehler untergelaufen, wenn dies auch gerade bei Zahlen am leichtesten vorkommen kann. Kleinere Abweichungen, wie IIII für III, VI für IV, IX für XI, XX für XXX, XL für LX u. s. w. bedürfen keiner Erläuterung. Wenn wir die auffallenderen Aenderungen betrachten, so finden wir, dass mehrere Male eine II für eine V oder X steht, und umgekehrt; so hat Æ. z. B. III statt XI, XIIII statt XIX (wo überdies noch ein Strich zu viel ist), XLIII statt XLIV, und andrerseits XVI für XIII, IX für III. Jedenfalls waren also in der von Æ. benutzten hs. die Ziffern nicht immer sorgfältig geschrieben, so dass die beiden Striche der V und der X manchmal nahezu parallel waren und ein Verlesen leicht möglich wurde. Wenn wir dann freilich Fälle finden wie *eahta hund* für MVIII (32, 24), *seofon M* für *quadraginta quatuor milia* (138, 4), so müssen wir annehmen, dass Ælfred's lat. hs. hier schon nicht mit unserem Druck übereingestimmt habe.

Dass Æ. an mehreren Stellen den Tod eines Herrschers oder Feldherrn berichtet, während dieser nach Or. nur gefangen genommen wurde, ist ein aus alten, germanischen Anschauungen entspringender, leicht entschuldbarer Irrtum. Von mangelhafter Kenntnis der Geschichte zeugt aber die so häufige Verwechselung von Personen, Völkern etc., die gleiche oder ähnliche Namen haben oder in irgend einer Beziehung zu einander stehen. So lässt Æ. p. 108, 4 ff. *Manlius Torquatus* in der Schlacht am Vesuv fallen, *Decius Mus* aber seinen eigenen Sohn töten; p. 118, 12 verwechselt er die *Lacedämonier* mit den *Thebanern*, p. 144, 10 die *Perser* mit den *Medern*, p. 144, 19 die *Macedonier* mit den *Lacedämoniern*, p. 144, 21 *Antipater* mit *Antigonus*, p. 200, 25 *Cirta* mit *Creta*, p. 206, 8 die *Etrusker* mit den *Ligurern*, p. 208, 33 ff. *Scipio Africanus minor* mit *Scipio Nasica*, p. 210, 34 denselben mit *Censorinus*, u. s. w. Nicht selten setzt Æ. aber auch Namen, die mit denen seiner Vorlage in keinem erdenklichen Zusammen-

---

[1] Wie schon p. 73 bemerkt, bedient sich Æ. ganz gewöhnlich der römischen Ziffern, in deren Gebrauch er sich seiner Vorlage anschliesst. In den hss. steht jedoch meist IIII für IV, einmal findet sich sogar die Bildung IIIIX (p. 78, 29), die natürlich auf Rechnung des Schreibers zu setzen ist.

hang stehen; so hat er p. 78, 22 *Macedoniam* statt *Jonas*, p. 204, 14 *Claudius Fuluius* (!?) für *Lucius Furius*, p. 276, 6 *Hunas* für *Quadi;* und p. 78, 26 macht er sogar den ungeheuerlichen Schnitzer, *Theseus* als den Sieger von *Marathon* hinzustellen. Es fragt sich freilich, ob nicht manche der angeführten Versehen auf Rechnung der Schreiber zu setzen sind. Dass aber Ælfred's Kenntnis der römischen Geschichte keineswegs eine gründliche war, beweist mit Sicherheit seine auf einer doppelten Namensverwechslung beruhende Auffassung des ersten Bürgerkrieges (pp. 232, 29—236, 25, Or. pp. 327, 13—336, 20). Æ. hält nämlich den Consul *Sextus Julius Caesar* und den Practor und späteren Consul *Cn. Pompeius*, die beide im Bundesgenossenkrieg eine hervorragende Rolle spielten, für identisch mit *Cajus Julius Caesar* und seinem berühmten Nebenbuhler. Den Vornamen *Sextus* fasst er von vornherein in der Bedeutung von *sextum* auf; er übersetzt nämlich: „*on þæm siextan ʒeare þe Julius se casere wæs consul.*"[1] Aus dieser Stelle erhellt ferner, dass er in dem Worte *Caesar* nicht den Familiennamen, sondern die spätere Bezeichnung der Alleinherrscher erblickte (cf. p. 48, 16) und in diesem Irrtum wurde er jedenfalls bestärkt durch die Notiz des Orosius (p. 324, 1), dass der Consul Sex. Jul. Caesar nach seinem Siege über die Samniten und Lucaner von dem Heere *imperator* genannt worden sei. Die Nachricht von dem durch einen Blitzschlag erfolgten Tode des Consuls Pompeius (p. 331, 4 f.) übersieht er gänzlich. Die Folge der besprochenen zweifachen Verwechslung ist, dass Æ. den ersten Bürgerkrieg als einen Parteikampf zwischen Caesar und Pompeius darstellt, an welchem Marius und Sulla erst in zweiter Linie beteiligt sind. Den Beginn desselben verlegt er noch in den Bundesgenossenkrieg und den Anlass dazu erblickt er in dem Verhalten des Senats den kriegerischen Erfolgen des S. J. Cäsar und des Practors Pompeius gegenüber, das er in ganz abenteuerlicher Weise verdreht. Or. sagt nämlich p. 323, 21 ff., nach dem Siege des Consuls Caesar habe der Senat das bisher getragene *sagum* mit der *toga* vertauscht, nach der Unterwerfung der Picentier durch Pompeius aber auch die *laticlavia tunica* und die übrigen Abzeichen seiner Würde wieder angelegt. Ælfred (p. 234, 21 ff.) fasst den Umstand, dass Caesar Boten mit der Nachricht des Sieges nach Rom schickte, so auf, als ob dieser einen Triumphzug begehrt hätte und erzählt dann weiter, man habe demselben zum Hohne (!) statt des Triumphzuges einen schwarzen Mantel entgegen geschickt, schliesslich aber ihm noch eine *tunica* gegeben, damit er nicht ganz ohne eine Ehrenerweisung nach Rom käme; den Pompeius aber hätten die Römer nach seinem kleinen Siege durch einen glänzenden Triumphzug

---

[1] Umgekehrt fasst Æ. p. 138, 1 in *Fabio Maximo V Decio Mure IV consulibus* das *V* als Eigennamen auf und übersetzt: ... „*and under þæm* (*consul*) *þe Cwintus haten wæs*".

geehrt. Um eine solche abenteuerliche Entstellung der ursprünglichen Angaben zu ermöglichen, muss zu Ælfred's Unkenntnis der betreffenden Bräuche auch noch grobe Nachlässigkeit beim Uebersetzen gekommen sein.

Die unrichtige Uebersetzung einzelner Wörter hat an mehreren Stellen nicht unbedeutende Aenderungen hervorgerufen. So erzählt Æ., die 50 Söhne des Danaus (!) und des Aegyptus seien von ihren eigenen Kindern getötet worden (p. 40, 12 ff.), und Atreus und Thyest hätten ihre Väter erschlagen (p. 42, 19 ff.); er fasst in beiden Fällen das Wort *parricidia* in seiner ursprünglichen Bedeutung auf. Ferner übersetzt er: *avus* mit *eam* (p. 60, 20), *ancilla* mit *þeow mon* (p. 108, 31), *deargentare* mit *ofersylefrian* (p. 138, 31), *palpebrae* mit *œdran* (p. 178, 23), *subsellia* mit *syla* (p. 210, 4), *„Pompeius ejusque breviator Justinus"* mit *„Sompeius and his cniht J."*; von Caracalla sagt er, derselbe habe *twa ʒeswostor* geheiratet (p. 270, 17), während Or. hat *novercam suam Juliam*.

Sehr häufig begegnen wir auch grösseren, durch die flüchtige oder fehlerhafte Uebersetzung ganzer zusammenhängender Stellen verursachten Abweichungen. In den Beispielen, die hier anzuführen sind, findet sich Manches, das für die Anschauungen Ælfred's bezeichnend und daher für uns von Wert ist; manche Missverständnisse sind auch ganz komischer Natur. Da eine erschöpfende Aufzählung zu weit führen würde, beschränke ich mich auf die Besprechung der wichtigsten Fälle und gebe sie in der Reihenfolge, in der sie sich darbieten.

Die erste grössere Abweichung der Art finden wir in Ælfred's Darstellung des Untergangs der Fabier (p. 72, 8). Er vergisst über der Beschreibung eines römischen Triumphzuges, die er gerade vor dieser Stelle einschiebt, dass von dem Kriege mit Veji, nicht mehr von dem kurz vorher besprochenen gegen die Sabiner die Rede ist und lässt daher die Fabier gegen die letzteren kämpfen. Von dem Geschlechte selbst sagt er: *„mon het eall hiera cynn Fabiane, for þon hit ealra Romana ænlicost wæs and cræftegast."* Aus diesem an sich rätselhaften Zusatze erhellt, dass Æ. sich irgend eine Etymologie für den Namen *Fabiane* gebildet hatte; leider aber haben wir zu wenig Anhaltspunkte, um dieselbe zu ermitteln. Man wird jedoch unwillkürlich an die bekannte Stelle in der Trostschrift des Boetius erinnert, wo Æ. für *Fabricius* den *wisan and foremæran ʒoldsmið Weland* setzt; in beiden Fällen ist der Stamm des lat. Eigennamens, der ja offenbar massgebend war, derselbe, und die Bezeichnungen *ænlic* und *cræfteʒ* würden sich auch sehr wol auf Welond anwenden lassen. Es ist daher nicht unmöglich, dass dem Zusatz in unserem Werke und der Namensvertauschung im Boetius derselbe Ideengang zu Grunde liegt. Die eigentliche Erzählung von der Vernichtung der Fabier scheint Æ. gar nicht mehr auf dieses tapfere Geschlecht zu beziehen; er fängt an: „Darauf wühlten die Römer

306 Kämpen, die mit ebensoviel Sabinern einen Einzelkampf bestehen sollten." Von den Fabiern ist nicht mehr die Rede; die Kämpen werden gewählt, während sie nach Or. um die Erlaubnis zum Kampfe bitten; von einem Einzelkampf ist in dem lat. Text ebenfalls nichts zu lesen, aber die Zahl der Helden und einige nähere Umstände, die ihren Tod begleiten, stellen ausser Zweifel, dass wir es mit den Fabiern zu thun haben.

Von Leonidas berichtet Orosius, er sei, als er sich umgangen sah, nachts in das feindliche Lager gebrochen und da, nachdem er ein grosses Blutbad unter den Persern angerichtet, gefallen. Ælfred (p. 82, 4—5) fasst dies als einen neuen Sieg des tapferen Spartaners auf und übersieht die allerdings nicht deutlich gegebene Nachricht von seinem Tode (Or. p. 104, 5 ff.), wie die Einschiebung ZZ. 13—15 beweist, nach welcher Themistokles dem Leonidas zur Hülfe gekommen sein soll. Die von Letzterem an seine getreuen Tausend gerichteten Worte: „*Prandete tamquam apud inferos coenaturi*", die Or. erst p. 109, 16 gelegentlich erwähnt, hält Æ. (p. 84, 31) für in einer späteren Schlacht geäussert, und darauf beruht jedenfalls das ganze Missverständnis. Die Uebersetzung *on helle* für *apud inferos* zeigt, dass Æ. in seiner Auffassung des Wortes *hell* in diesem Falle noch auf heidnisch-germanischem Boden steht.

In der Aufzählung der Nachfolger Alexander's und ihrer Reiche (p. 142, 22 ff.) richtet Æ. grosse Verwirrung an; seine Unkenntnis der von Or. angeführten Namen führt dabei zu mehreren ganz komischen Verwechslungen. Der lat. Text besagt (p. 191, 1 ff.) ... „*Syriam Laomedon Mytilinaeus, Ciliciam Philotas, Philo Illyrios accipiunt.*" Æ. sieht in *Mytilinaeus* einen Eigennamen für sich und übersetzt: „*Laumenda ... befenʒ ealle Asirie; and Thelenus Cilicium; and Filotos Hiliricum*" Er setzt also die Interpunktion immer um ein Wort zu weit vor und verschiebt so die ganze Aufzählung; den schliesslich überzähligen Personennamen lässt er weg, wahrscheinlich weil ihn der vorhergehende Name mit dem gleichen Anlaut einen Schreibfehler vermuten liess. Or. fährt fort: „*Mediae majori Atropatus, minori socer Perdiccae praeponitur. Susiana gens Scyno, Phrygia major Antigono Philippi filio assignatur. Lyciam et Pamphyliam Nearchus, Cariam Cassander, Lydiam Menander sortiuntur.*" Bei Æ. steht dafür: „*and Ecropatus þa maran Meðian; and Stromen þa læssan Meðian; and Perdice þa læssan Asiam; and Susana þa maran Frigan; and Antigonus Liciam and Pamphiliam; and Nearchus Cariam.*" Æ. fasst also vorerst das Wort *socer* als Eigennamen auf; die entstellte Form *Stromen* lässt sich nur durch die Annahme erklären, dass der König sich den lat. Text vorlesen liess, wobei ein so arges Verhören ja vorkommen konnte. Wie er dazu kommt, dem *Perdiccas* Kleinasien zuzuteilen, ist nicht ersichtlich. *Susiana* sieht er für den Namen eines der Feldherrn an und verleiht dem so gewonnenen Thronkan didaten mit Uebergehung der Worte *gens Scyno* die Provinz Phrygien. Dadurch wird die Aufzählung abermals verschoben. Bei Carien angekommen, behält darum Æ. noch zwei Feldherrn, aber nur ein Land übrig; er weiss sich jedoch zu helfen, indem er einfach alle drei Namen weglässt.[1] Die weiteren Angaben überträgt Æ., wenn auch nicht ohne grobe Schnitzer, so doch wenigstens in der richtigen Ordnung. Es passirt ihm hier, dass er *coloniae* für einen Volksnamen hält und „*Archon Pelasgos adeptus est*" übersetzt mit „*Polausus hæfde Archos.*"

Einem ergötzlichen Missverständnis begegnen wir p. 190, 29 f. Or. berichtet, dass nach der Niederlage von Cannae die Römer den Decimus Junius zum Dictator ernannt hätten, „*qui, delectu habito ab annis decem et septem, ... quatuor legiones undecunque contraxit.*" Æ. übersetzt: „*He* (D. Junius) *næs buton seofontiene wintre*"(!). Von der Aushebung sagt er gar nichts.

Nach der Seite des Abenteuerlichen neigt die Aenderung, die sich in der Beschreibung des Kampfes zwischen den Römern und den Lusitaniern (p. 216, 18 ff.) findet. Or. erzählt, dass einer der letzteren, der sich zu weit von den Seinigen entfernt hatte, von römischen Reitern angegriffen, das Pferd eines seiner Feinde erstochen und dann diesem selbst den Kopf auf Einen Streich abgeschlagen habe. Æ. war ein grosser Bewunderer solcher Thaten, und da er sich einen tapferen Kämpen nur beritten vorstellen konnte, erweiterte er zuerst die Darstellung in seiner anschaulichen Weise durch die Hinzufügung, der *Ueriatuses pegn* habe zuerst bei der Verfolgung der Feinde sein Pferd verloren und seine Gegner hätten ihn dann töten oder gefangen nehmen wollen; darauf fährt er fort: „Da schlug er eines Mannes Ross mit seinem Schwerte, dass ihm der Kopf herabfiel." Die Worte des lat. Textes sind an dieser Stelle so klar, dass man versucht ist, eine absichtliche Uebertreibung von Seiten Ælfred's anzunehmen.

In dem Kriege gegen Aristonicus wurde der Consul Crassus von einer Reihe von Königen unterstützt, die Or. (p. 298, 15 ff.) wie folgt anführt: „(*a*) *Nicomede Bithyniae, Mithridate Ponti et Armeniae, Ariarathe Cappadociae, Pylemene Paphlagoniae*" (*adjutus* etc.). Æ. glaubt, er habe es hier nur mit Ländernamen zu thun und zählt unter anderen auch auf die Könige von *Nicomedia*, von *Argeate* und von *Filimine* (p. 224, 7 ff.). Nur der Name des Mithridates erregte in ihm Bedenken; er entsann sich desselben jedenfalls aus der Geschichte des ersten Bürgerkrieges, sonst hätte er seiner Liste gewiss auch noch einen König von „Mithridatia" angefügt. In der Geographie und Geschichte des Orients war Æ. demnach wenig bewandert.

---

[1] Sweet hat übersehen, die Worte *Cassander* bis *sortiuntur* kursiv zu drucken.

Durch die bekannten Worte des Augustus „*Quinctili Vare, redde legiones*" wird Æ. zu der Folgerung verleitet, dass Varus die Niederlage seines Heeres überlebt habe und nach Rom zurückgekehrt sei (p. 250, 9 ff.); er nimmt jedoch als selbstverständlich an, dass derselbe für eine so grosse Schmach die schwerste Strafe habe erleiden müssen und fügt daher hinzu: „Den Consul (!) aber liess er (Aug.) hinrichten."
Damit sind die bedeutenderen, einer näheren Besprechung würdigen Beispiele fehlerhafter Uebersetzung erschöpft. Aus der grossen Zahl verwandter Stellen von untergeordneter Wichtigkeit, die einzeln anzuführen zu viel Raum in Anspruch nehmen würde, hebe ich noch als bemerkenswert hervor: p. 32, 17—18; p. 42, 22; p. 52, 32—33; p. 68, 16—18; p. 74, 31—34; p. 82, 4—5; p. 86, 3—7; p. 88, 21—27; p. 112, 31—34; p. 128, 11—12; p. 140, 8—9; p. 144, 23; p. 150, 35—36; p. 168, 1—3; p. 170, 25—27; p. 178, 4; p. 190, 9—10; p. 198, 15—18; p. 202, 16—18; p. 210, 32; p. 220, 4—5; p. 240, 1—2; p. 246, 32—34; p. 248, 8; p. 262, 18—20; p. 272, 19—26; p. 286, 3—5; p. 290, 17—19; p. 294, 14; p. 296, 34—35.

c) Hinzufügungen.

Gerade für diesen Abschnitt, von dem wir wertvolle Aufschlüsse über den Wissensschatz und die Geistesthätigkeit des Bearbeiters erwarten, kommen leider nur Stellen beschränkten Umfanges in Betracht. Für die Beurteilung der geistigen Anlagen Ælfred's ist seine Bearbeitung des Boetius ungleich wichtiger, als die des Orosius; doch liegt dies nur an der Verschiedenheit des Inhalts beider Werke, der bei jenem durchaus reflexiv, bei diesem rein beschreibend ist. Bei der Bearbeitung des Orosius bot sich dem Könige wenig Gelegenheit zu selbständigem geistigen Schaffen; die Betrachtungen, die er in seiner Vorlage fand, waren an sich schon zu umfangreich und inhaltlich einseitig, um ihre weitere Ausführung ratsam erscheinen zu lassen; zu dem Verständnis des kausalen Zusammenhanges der Ereignisse, der zu manchen interessanten Besprechungen hätte Anlass geben können, fehlte Ælfred, dessen eigene Politik so einfach und gerade war, die staatsmännische Erfahrung. Er war also im Allgemeinen nur auf die Vermehrung des Lehrstoffes angewiesen und dieser Aufgabe hat er sich mit Erfolg entledigt. Wenn aber die Bearbeitung des Orosius geistig weit weniger bedeutend ist, als die des Boetius, so entschädigt sie uns andrerseits durch die Fülle des Materials, das sie uns zu der Beurteilung des Gemütslebens und der Neigungen Ælfred's liefert. Haben wir schon aus den Weglassungen und Aenderungen ersehen, was dem Könige unangenehm war, was ihm widerstrebte, so lehren uns die zahlreichen Zusätze und Erweiterungen, was ihm gefiel, was er mit Vorliebe behandelte oder für besonders wissenswert und belehrend hielt. In der ganzen Bearbeitung ist keine Seite zu finden, auf der nicht einzelne Worte und Wendungen, oder ganze Sätze den Kenntnissen oder der Phantasie des Bearbeiters entstammten. Æ. musste vor allem darauf bedacht sein, die Darstellung dem Bildungsgrade seiner Angelsachsen anzupassen; daher ist die Mehrzahl seiner Einschiebungen erläuternder Natur, indem sie bezweckt, gewisse Vorgänge zu begründen oder anschaulicher zu machen und fremde Bezeichnungen und Begriffe zu verdeutlichen. Unter der Hand Ælfred's gewinnt die Darstellung überhaupt an Lebendigkeit; seine rege Phantasie vergegenwärtigt ihm die Ereignisse und setzt ihn in den Stand, die Erzählung da, wo sie ihm bei Or. zu trocken oder zu dürftig erscheint, mit einer Menge von Einzelheiten auszuschmücken. Wie sich leicht denken lässt, befindet sich darunter Vieles, das nach unseren heutigen Begriffen selbstverständlich ist; andrerseits dichtet Æ. aber auch oft Umstände hinzu, die keine historische Berechtigung haben. Das werden wir ihm jedoch gern verzeihen, wenn wir bedenken, dass für ihn die Einzelheiten ja kein Interesse an sich, keinen Selbstzweck haben, sondern nur Mittel zum Zweck sind, nämlich zu der Veranschaulichung und Hervorhebung der Hauptsachen, die ihm auch meist vortrefflich gelingt.

Wie schon bemerkt, erleichtert Æ. oft das Verständnis der Vorgänge durch die Angabe der Umstände, die sie veranlassten. Die Erhebung des Cyrus gegen Astyages erklärt er daraus, dass es „ihm (Cyrus) und den Persern zuwider war, unter seines Oheims und der Meder Herrschaft zu stehen" (p. 52, 17—19). Mit richtigem Blick erkennt er ferner, warum Antigonus versuchte, sich der Witwe und des Sohnes von Alexander zu bemächtigen: „weil er dachte, die Völker würden sich ihm um so bereitwilliger unterwerfen, wenn er den Sohn ihres früheren Herrn in seiner Gewalt hätte." Von Hannibal's kühnem Uebergang über die Apenninen, bei welchem derselbe durch Schneestürme einen grossen Teil seines Heeres verlor, sagt Æ., der karthagische Feldherr habe ihn hauptsächlich deswegen unternommen, „weil er gewusst habe, dass der Consul Flaminius glaubte, er könne ohne Sorge in den Winterquartieren bleiben, ... und fest überzeugt war, es gebe Keinen, der den Feldzug um diese Zeit beginnen möchte oder könnte, wegen der ungemeinen Kälte" (p. 188, 3—5). — So sucht er auch den Umstand zu erklären, dass Cleopatra, wie Or. berichtet, sich die Schlange an den Arm setzte, und nicht an die Brust oder anderswohin; er nimmt an „sie habe geglaubt, dass der Biss an dieser Stelle am wenigsten schmerze." Ihre Wahl der Todesart motivirt er durch die Angabe, es sei „die Art dieser Schlange, dass jedes Wesen, welches von ihr gebissen wird, sein Leben im Schlafe endigen muss." So unzutreffend diese Erklärung auch sein mag, so hat sie doch unstreitig den Vorzug, gefällig und poetisch zu sein.

Ein treffendes Beispiel phantasiereicher Ausmalung ist die Beschreibung der ägyptischen Plagen. Or. zählt sie nur kurz auf; Æ. (p. 36) sagt von den Fröschen: „so viele, dass man keine Arbeit thun konnte und keine Speise kochen, ohne dass, ehe sie fertig war, ebensoviel solche Tiere wie Speise (im Topfe) gewesen wären[1]"; von den Mücken (ϰνωϊπας, Or. ciniphes): „sie kamen über das ganze Land, sowol innen wie aussen[2], mit brennend schmerzhaften Bissen und peinigten unablässig Menschen und Tiere"; von den Fliegen: „sie krochen den Menschen beluh pa peoh, wie es sich auch wol gebührte, dass Gott den übermässigen Hochmut durch die schmachvollste und unwürdigste Heimsuchung erniedrigte." Zu den beiden letzteren Ausführungen haben einzelne Andeutungen im lat. Text den ersten Anlass gegeben.

Beachtenswert ist auch, was Æ. von der Pest sagt, die um die Zeit des Cincinnatus in Rom gewütet haben soll; er fügt den Angaben seiner Vorlage hinzu: „Die Hälfte der Einwohner starb und die Uebriggebliebenen waren so erschöpft, dass sie die Toten nicht begraben konnten." Es ist kaum möglich, in so wenigen Worten ein anschaulicheres Bild von den Schrecknissen der Pest zu entwerfen.

Von der Antwort, die Pyrrhus vor seinem Zuge nach Italien von dem delphischen Orakel erhielt, sagt der lat. Text nur, sie sei zweideutig gewesen. Æ. wollte sich die Gelegenheit nicht entgehen lassen,

---

[1] Die Grundidee zu dieser Ausführung hat Æ. der Bibel entlehnt (Exodus, VIII, 3).

[2] „ʒe inne ʒe ute"; der Sinn ist dunkel, wahrscheinlich hat Thorpe das Richtige getroffen, er übersetzt „both within doors and without."

die heidnischen Götter, das „*deofolzeld*", als machtlos und trügerisch hinzustellen, sah aber voraus, dass seine Angelsachsen sich von der Beschaffenheit einer doppelsinnigen Antwort keine klare Vorstellung würden machen können; er gibt daher seine eigene, recht naïve Auffassung von einer solchen in den Worten wieder (p. 156, 3): „*þu¹ hæfst oþþe næfst*" (*sixe*) und behauptet, dies sei der Ausspruch des Orakels gewesen. Es wird Niemand einfallen, ihm dies Verfahren zum Vorwurf machen zu wollen; der Wortlaut des Orakelspruchs ist unwesentlich, Æ. aber erreicht den Zweck, sein Volk mit einer charakteristischen Einrichtung des Altertums bekannt zu machen.

Aehnliche Zusätze zum Zweck der Veranschaulichung finden sich in grosser Zahl; ich mache hier nur noch auf die Stellen p. 50, 19—20, p. 58, 17—19, p. 84, 7—9, p. 246, 10—11 aufmerksam.

Ausserordentlich häufig begegnen wir kleineren Einschiebungen, in denen fremde Namen und Bezeichnungen erklärt werden.

So fügt Æ. der Notiz des Or., die Lapithen hätten die Thessalier Centauren genannt, weil im Kampfe Mann und Ross wie ein Körper aussahen, erläuternd hinzu (p. 44, 1—2): „das (*centaurus*) heisst halb Pferd halb Mensch; die L. erfanden diesen Namen deswegen, weil sie vordem noch Keinen zu Pferde hatten kämpfen sehen."

Ein merkwürdiger Zusatz findet sich p. 46, 32—34. Von den *naves longae* heisst es da: „die man *dulmunus* nennt und von denen man sagt, ein Schiff könne tausend Mann tragen." Die letztere Angabe ist eine phantastische Uebertreibung, die nur den Zweck hat, die Schiffe als ungeheuer gross erscheinen zu lassen; die Bezeichnung *dulmunus* aber setzt der Erklärung grosse Schwierigkeiten entgegen. Sie findet sich ausserdem nur noch zweimal in Ælfred's Orosius, p. 50, 10 für *naves* (*longae*) und p. 80, 6 für *rostratae naves;* sonst ist sie meines Wissens in der ags. Litteratur überhaupt nicht weiter belegt. Thorpe, in den Anmerkungen zu seiner Ausgabe, p. 530 (note 1 zu p. 580), vermutet, dass das Wort eine Korruption des altnordischen *dromundr* sei (cf. Bosworth, Notes p. 12). Dagegen scheint mir aber die Endung *us* zu sprechen, die von Æ. bei der Wiedergabe lat. Namen stets beibehalten wird und auch hier auf einen lat. Ursprung des Wortes schliessen lässt. Da sie dem Ags. ganz fremd ist, muss Æ. sie aus seiner unbekannten Quelle mit herübergenommen haben; es sei denn, man nehme an, dass er dieselbe angefügt, um das Wort für ein lateinisches ausgeben zu können, was zum Mindesten sehr unwahrscheinlich ist.

An einer anderen Stelle erklärt Æ., dass ein Talent so viel wie 80 Pfund Silber gewesen sei (p. 170, 25—28). Die begleitenden Umstände sind hier insofern beachtenswert, als in dem ags. Text für

---

¹ Sweet hat *þa*, offenbar ein Druckfehler, da es keinen Sinn gibt, auch von Bosworth nicht unter den Lesarten der Lauderdale hs. angegeben wird.

Hiero (von Syrakus) „*Hanna, Pena cyninʒ,*" gesetzt ist. Eine einfache Verwechslung ist nicht anzunehmen, da Hanno ausdrücklich „König" (Feldherr) der Punier genannt wird; Æ. hat also jedenfalls an den späteren politischen Gegner Hannibal's gedacht, den er selbst p. 182, 12 unter den karthagischen Gesandten nochmals erwähnt. Dass er die einmalige Kriegsentschädigung von 200 Talenten, die Hiero an die Römer zu zahlen hatte, als einen jährlichen Tribut auffasst, darf uns nicht verwundern; er war bei seiner Uebertragung schon so vielen, wie er selbst sagt „unglaublichen" Summen begegnet, dass die oben genannte nichts Auffälliges für ihn hatte.

Das Wort *sepulcrum*, das er mit *byrʒen* wiedergibt, veranlasst ihn zu dem Zusatz (p. 202, 3 ff.): „wie sie (die Karthager) es nach ihrer Sitte reichen Leuten über der Erde aus Steinen fertigten", und er fährt dann erklärend fort, dass der Anblick eines solchen den Alten vor irgend einem Unternehmen nach ihrem heidnischen Glauben „sehr leid," d. h. ein böses Vorzeichen, gewesen sei.

Durch gelegentliche Wiederanführung früher erwähnter Namen und Thatsachen gelingt es Ælfred häufig, die Darstellung nicht nur verständlicher, sondern auch anziehender zu machen. So erinnert er bei der Vergleichung der vier grossen Reiche des Altertums an Sardanapal als den letzten König von Assyrien (p. 252, 8) und an die Gründung Carthagos durch *Diþa þe wifmon* und seine Zerstörung durch *Scipia* (252, 17—18).

Oft führt Æ. im Interesse der Verständlichkeit bekanntere oder weniger allgemeine Namen ein; so ergänzt er z. B. zu *Hiliricos*: „*þe ne Pulʒare hatað*"; die unbestimmte Angabe des Or.: „*L. Postumius adversum Gallos pugnare missus*" specialisirt er, freilich ohne dazu berechtigt zu sein, durch den Zusatz: (die Gallier) „die man jetzt *Lonʒbeardan* nennt."

Die sein eigenes Land betreffenden Stellen vervollständigt er durch Einschiebung von Ortsangaben. Von der Landung Caesar's in Britannien sagt er (p. 238, 18 ff.), dass sie in Kent erfolgt sei; als den Ort des entscheidenden Kampfes bei dem zweiten Einfall bezeichnet er *Welinʒa ford* an der Themse, während Or. nur berichtet, dass die Römer nach der Schlacht an der einzigen vorhandenen Furth den Fluss überschritten hätten.

Die bisher besprochenen Einschiebungen und Erweiterungen haben uns Ælfred ausschliesslich als Lehrer seines Volkes gezeigt; die nun anzuführenden geben uns zugleich einen tiefen Einblick in sein reiches Gemütsleben. Die Bearbeitung des Orosius ist eine so durch und durch subjektive, dass es nicht schwer halten kann, aus ihr den Charakter des Verfassers herauszulesen, soweit er überhaupt Gelegenheit hatte, die Uebertragung zu beeinflussen. In den meisten Fällen nimmt er bei der Schilderung der Ereignisse von vornherein Stellung zu denselben, wobei er sich fast nur von seinem natürlichen ethischen Gefühle leiten lässt; und seine Parteinahme zeigt sich dann auch in der Behandlung des Gegenstandes, in seinen Zusätzen und der oft ganz einseitigen Darstellung.

Von der Gutherzigkeit und Menschenfreundlichkeit des Königs legen mehrere Stellen Zeugnis ab. So erregt die Geschichte der Amazonen, die nach Or. alle ihre Männer in einem Hinterhalt verloren und in der Verzweiflung zu den Waffen griffen, um sie zu rächen, Ælfred's Interesse und Mitgefühl. Er nimmt die kriegerischen Weiber im Gegensatz zu seiner Vorlage entschieden in Schutz, bezeichnet sie als „arme, heimatlose Frauen" (p. 48, 5) und spricht geringschätzend von den Männern jener Zeit, die sich von jenen besiegen liessen. „So an Not jeder Art gewöhnt waren die Männer, dass sie es fast für keine Schande und kein Unglück hielten, dass die armen Frauen sie so quälten" (p. 48, 11 — 13). Die kurze Notiz des Or. „*pace armis quaesita, externos concubitus ineunt*" führt Æ. erklärend aus: „Inmitten des Kampfes schlossen sie da Frieden mit den Männern. Seitdem war ihr Brauch, dass sie jedes Jahr, nach Verlauf von 12 Monaten, zusammenkamen und Kinder zeugten"¹ (p. 46, 7 — 10).

Warmes Mitgefühl spricht sich auch in der Stelle p. 214, 19 — 20 aus: „Sie (die Römer) bedrängten manche Könige so sehr, dass dieselben alles gaben, was sie besassen, um ihr armes Leben zu retten."

Selbstverständlich mussten die in der alten Geschichte häufigen Akte unmenschlicher Grausamkeit Ælfred als verabscheuungswürdig erscheinen. Mit um so grösserer Genugthuung erzählt er einen Fall, in welchem der Schuldige, oder wenigstens der Haupthelfer, von der verdienten Strafe ereilt wurde. Es ist die Geschichte von dem Metallgiesser, der, um sich bei dem Tyrannen Phalaris von Agrigent einzuschmeicheln, demselben ein neues Marterwerkzeug in Gestalt eines hohlen ehernen Stieres anfertigte, aus dessen Munde das Geschrei des in der Figur eingeschlossenen, durch ein darunter angebrachtes Feuer langsam zu Tode gemarterten Menschen wie das Brüllen eines lebenden Stieres klingen sollte. Æ. verleiht seinem Mitleid mit den *earman men*, für die die Erfindung bestimmt war, Ausdruck und verbreitet sich dann mit sichtlicher Befriedigung über den Schluss der Episode, deren Moral er offenbar recht eindringlich zu machen wünscht. Or. sagt nur: „*Phalaris ... ipsum opificem sua inventione punivit*"; Æ.

¹ Bosworth's Uebersetzung der Worte „*ymbe twelf monað*" als „*about twelve months*" ist unsinnig. Thorpe übertrug daher, ohne aber die Stelle zu erklären, „*every year or twelve month*". Ymbe ist offenbar in dem Sinne aufzufassen, wie wir noch jetzt unsere Form „um" gebrauchen, nämlich als Bezeichnung für den Ablauf eines Zeitraumes. Wir können also übersetzen „wenn 12 Monate um waren", oder „nach Verlauf von 12 Monaten." Eine analoge Stelle ist p. 226, 6 zu finden.

hat: „Als dieses (das *anlicness*) da erhitzt worden und Alles geschehen war, wie es der Giesser dem Fürsten angegeben hatte, besah es der Letztere und sagte, es käme keinem Menschen mehr zu, das Werk zu probiren, als dem, der es gemacht habe. Hiess ihn da nehmen und hineinschieben."

Bezeichnend für Ælfred's trefflichen Charakter ist die Weise, in der er den Undank der Römer gegen Scipio Africanus minor brandmarkt (p. 224, 24—35). Nur wenige Worte dieser Stelle sind aus dem lat. Texte, der den Vorgang überhaupt sehr kurz und sachlich berichtet, herübergenommen. Ælfred legt Scipio, den er „*se betsta Romana pegn*" nennt, eine an den Senat gerichtete pathetische Berufung auf seine Verdienste um den Staat in den Mund: „er fragte sie (die Senatoren), warum sie nicht der Mühsale und Anstrengungen gedenken wollten, die er um ihretwillen und weil sie in Not waren, viele Jahre ertragen habe, unzählige Male, und wie er sie vor der Herrschaft Hannibal's und mancher anderer Völker bewahrt habe, und wie er ihnen ganz Spanien und ganz Afrika dienstbar gemacht habe." Durch diese geschickt angebrachte Aufzählung der Thaten Scipio's erweckt Æ. die Teilnahme für denselben und stellt die Undankbarkeit der Römer in ihrer ganzen Grösse dar. Scipio wurde am nächsten Morgen tot in seinem Bette gefunden, und Or. nimmt an, er sei von seiner Gemahlin getötet worden; Æ. aber hält in seiner sittlichen Entrüstung die Römer für auch des Schlimmsten fähig und legt ihnen geradezu die Ermordung Scipio's zur Last, ohne die Mutmassung seiner Vorlage mit einem Worte zu erwähnen. Seine Phantasie vergegenwärtigt sich sogar die Einzelheiten der That: „Die Römer dankten ihm für alle seine Mühe mit schlimmerem Lohne, als er an ihnen verdient hatte, indem sie ihn in seinem Bette erwürgten und erstickten, dass er sein Leben liess.[1]"

Mit grosser Schärfe wendet Æ. sich auch gegen die Verletzung der Unterthanentreue, deren sich z. B. Stilicho und Rufinus, die Vormunde von Honorius und Arcadius, schuldig machten. Bei ihnen handelte es sich zugleich um einen Vertrauensbruch der schlimmsten Art, indem sie von dem sterbenden Vater, der auf ihre Treue baute, zu Beschützern der unmündigen Söhne eingesetzt worden waren. Ælfred macht an dieser Stelle eine Einschiebung, zu deren bitterer

---

[1] Die Cotton hs. führt hier fort: „O Römer, wer kann euch nun vertrauen, da ihr solchen Dank erwieset eurem getreuesten Ratgeber"; Sweet druckt diese Stelle nicht ab, indess kann dieselbe sehr wol authentisch sein, da die Lauderdale hs. gerade hier mehrere Lücken aufweist und ohne die Ergänzungen aus C. überhaupt einen sehr dürftigen, ausdruckslosen Text liefern würde. Die direkte Anrede „*Romane*" findet sich noch einmal, p. 142, 6, wo sie unzweifelhaft echt ist.

Ironie sich in der ganzen Bearbeitung kein Seitenstück findet: "Aber sie (St. und R.) zeigten bald, was für Treue[1] sie den Söhnen ihres früheren Herrn zu erweisen gedachten" (p. 296, 3—5).

Von Ælfred's Vaterlandsliebe legt die Stelle p. 190, 20—27 ein beredtes Zeugnis ab. Es handelt sich hier um den durch die Niederlage von Cannae eingegebenen Plan der Römer, sich eine neue Heimat ausserhalb Italien's zu suchen; Scipio (später Africanus major) widersetzte sich dem Beschluss mit gezogenem Schwerte und zwang den Senat zu dem Schwure, die Verteidigung des Landes fortsetzen zu wollen. So weit die Angaben des Orosius. Ælfred hielt das Verhalten Scipio's für würdig einer eingehenderen Schilderung; nach ihm schwört Scipio, "dass er sich lieber selbst töten als sein Vaterland *(fæder oeðel)* verlassen werde und dass er jeden wie einen Feind verfolgen wolle, der den Wegzug von Rom befürworte." Den Höhepunkt des Pathos erreicht die ags. Fassung in dem Wortlaut des Schwures, den die Römer zuletzt ablegen: *„þæt hie ealle ætzæderc wolden oþþe on heora earde liczzean, oþþe on heora earde libban."* Solche Worte können nur von einem Manne geschrieben werden, der selbst von inniger Liebe zu seiner Heimat durchdrungen ist.

Wie uns die eben besprochenen Einschiebungen mit einigen der wichtigsten Züge in Ælfred's eigenem Charakter bekannt machen, so verrät die mehr oder weniger eingehende und lebhafte Darstellung anderer Episoden, welche Eigenschaften der König seinerseits in den historischen Personen schätzt und bewundert. Da können wir es denn nur natürlich finden, dass Ælfred, der in dem langjährigen Kampfe mit einem der kriegerischsten Völker seiner Zeit so häufig Beweise seines eigenen Heldenmutes gegeben hatte, eine besondere Vorliebe für die in der Geschichte aufgezeichneten Fälle persönlicher Tapferkeit und Todesverachtung an den Tag legt. Bei der Wiedergabe solcher Berichte bietet er alle seine Einbildungskraft auf, um die Darstellung so vollständig und lebendig wie möglich zu machen und dabei hält er sich keineswegs sehr gewissenhaft an seine Vorlage. Andere Ein-

---

[1] Der ags. Text hat *„hlafordhyldo."* Thorpe übersetzt dies mit *„lordly homage"*, Bosworth mit *„lordly faithfulness"*, beide fassen also den Bestandteil *hlaford* subjektivisch auf. Dass die Worte ironisch gemeint sind, ist auch aus diesen Wiedergaben ersichtlich, aber das *lordly* hat keinen Sinn und passt nicht zu dem Tone, in welchem die ganze Stelle gehalten ist. Es scheint mir zweifellos, dass *hlaford* objektivisch zu nehmen ist, mit *hyldo* zusammen also bedeutet: Treue gegen den Herrscher, Anhänglichkeit an denselben. Das Ganze ist schwer zu übersetzen; „Herrscherliebe" wäre zum mindesten zweideutig, wir sagen vielmehr: „Unterthanentreue" oder „-liebe." Ich habe dafür einfach „Treue" gesetzt, weil dieses Wort in dem vorliegenden Zusammenhang den Sinn vollkommen genau wiedergibt.

schiebungen stammen aus dem Wissensschatz des Königs; doch dürfen wir denselben darum nicht überschätzen, da bei Ælfred's sehr mangelhafter Kenntnis der alten Geschichte mit Wahrscheinlichkeit anzunehmen ist, dass er über Dinge, die seine Aufmerksamkeit erweckten, einfach seine gelehrten Bischöfe befragte und die erhaltene Auskunft für seine Bearbeitung unmittelbar verwertete.

Aehnliches ist jedenfalls von der Mucius Scaevola betreffenden Stelle zu sagen (p. 68, 19—31). Or. erwähnt nur, derselbe habe den Porsena „*constanti urendae manus patientia*" zur Aufhebung der Belagerung bewogen. Bei Æ. finden wir, freilich arg entstellt, die gesamten Einzelheiten des Vorganges. Der Haupteffekt geht zwar verloren, indem nach Æ. Porsena die Hand des Römers in das Feuer halten lässt, um ihm ein Geständnis zu entreissen; aber andrerseits erhöht Æ. den Eindruck, den die Standhaftigkeit des letzteren hervorbringt, durch seine Ausmalung: „da peinigten sie ihn damit, dass sie ihm die Hand verbrannten, einen Finger um den andern." Der Rest seiner Darstellung hat im Allgemeinen die traditionelle Fassung.

Ganz aus Ælfred's Phantasie stammt seine Erweiterung des Berichtes von Alexander's Heldenthat bei der Erstürmung einer ungenannten Stadt in Indien (p. 134, 10—31). Nach Or. erklomm Alexander allein die Mauer, sprang auf der andern Seite hinab und verteidigte sich gegen die feindliche Uebermacht, bis seine Getreuen nach Durchbrechung der Mauer ihm zu Hülfe kamen. Bei Æ. ist die Darstellung ungleich lebendiger und anschaulicher. Vorerst springt Al. nicht von der Mauer, sondern er wird von den Belagerten heruntergezogen. Dass es den Belagerern gelang, die Mauer zu durchbrechen, hält er für einer Erklärung bedürftig; er schiebt daher ein: „und all das Volk (die Belagerten) war so mit dem einen Mann beschäftigt, dass sie auf die Mauer nicht Acht gaben." Zum Schluss fügt er die Betrachtung an: „Nun wissen wir nicht, was mehr zu bewundern ist, dass der Eine sich gegen alle die Stadtbewohner wehrte, ... oder das Verhalten der Soldaten, die, als sie unzweifelhaft wähnten, dass ihr König lebendig oder tot in die Hände der Feinde gefallen sei, doch nicht abliessen, den Wall niederzureissen."

Die Ehrenhaftigkeit und Todesverachtung des Regulus erregen in hohem Grade Ælfred's Bewunderung und veranlassen ihn zu einer der umfangreichsten Einschiebungen im historischen Teil des Werkes (p. 178, 9—22). Er erweitert den dürftigen Bericht des Or. durch die Erzählung der geschichtlichen Einzelheiten von dem Verhalten des Feldherrn in Karthago und in Rom; und der pathetische, edle Ausdruck, zu dem sich die Darstellung erhebt, beweist, welch lebhaften Wiederhall die Worte des Regulus in Ælfred's Herzen erweckten. Die Einschiebung lautet: „(da schickten sie Regulus, den Consul ...) und er schwur ihnen bei seinen Göttern, dass er sowol die Botschaft ihrem Auftrag gemäss ausrichten, als auch ihnen die Antwort später verkünden wolle. Und er führte es aus und entbot (*abead*), die beiden Völker sollten einander alle die Männer ausliefern, die sie gefangen genommen hätten und dann mit einander Frieden halten. Und als er es entboten hatte, beschwor er sie (die Senatoren), den Vorschlag nicht anzunehmen, und sagte, es würde ihnen zu grosser Schande gereichen, einen so gleichen Tausch zu machen, es gezieme ihnen nicht, sich für so gering zu halten, dass sie sich jenen (den Karthagern) gleichstellten. Nach diesen Worten baten sie ihn, in der Heimat bei ihnen zu bleiben und seinen früheren Rang (*rice*) wieder einzunehmen. Da antwortete er ihnen und sagte, es dürfe nicht geschehen, dass der eines Volkes Consul (*cyning*) werde, der vorher in Knechtschaft gewesen sei."[1]

Wenn Ælfred als tapferer Soldat für persönlichen Heldenmut die grösste Bewunderung hegt, so tritt in ihm der Feldherr hervor in der entschiedenen Vorliebe, mit der er strategische Einzelheiten, Kriegslisten etc. behandelt und erweitert, ja sogar manchmal hinzudichtet. So finden sich p. 76, 4—34, zwei solche Fälle: die List des Cyrus, der scheinbar aus seinem Lager floh und dann das von dem zurückgelassenen Weine berauschte Heer der Skythen ohne Mühe besiegte; und die Rache der Tomyris, die ihren Gegner in einen Hinterhalt lockte und da vernichtete. Æ. führt diese Vorgänge beschreibend aus und fügt in dem letzteren Falle die Einzelheiten des von Or. nur angedeuteten Hinterhaltes aus seiner eigenen Phantasie hinzu (die Zweiteilung des skythischen Heeres in männliche und weibliche Krieger, die scheinbare Flucht der einen Hälfte und die Einschliessung der Perser).

Ebenso ist die Erzählung von der Art und Weise, wie Scipio die Punier und Numidier besiegte (p. 200, 7—28), bedeutend erweitert. Or. sagt nur, Scipio habe die beiden gegnerischen Lager in Brand stecken lassen und dann unter den waffenlos zum Löschen herbeieilenden Feinden ein grosses Blutbad angerichtet. Æ. nimmt eine Aenderung vor, die seinem strategischen Scharfblick alle Ehre macht; nach ihm stellt nämlich Scipio sein Heer zwischen den beiden Lagern auf und zündet nur das eine derselben an. „Da das die Uebrigen merkten, die in dem andern Lager waren, liefen sie in Scharen herbei, um ihren Freunden zu helfen; und Scipio erschlug sie, wie sie kamen, die ganze Nacht hindurch bis zum Tage; und dann erschlug er noch viele auf der Flucht, den ganzen Tag hindurch."

Besonders interessant sind natürlich die Kriegslisten, die ganz aus Ælfred's Erfindung stammen und in dem lat. Text entweder nur angedeutet, oder gar nicht vorhanden sind. So veranlassen ihn z. B. die Worte: „*Scythae ... Philippi fraude vincuntur*" zu folgender Aus-

[1] Dass Æ. im Weiteren *palpebrae* mit *œdran* übersetzt, ist schon erwähnt worden; der Zusammenhang macht wahrscheinlich, dass *œdre* hier die Bedeutung von Muskel, Nerv hat, wie es auch Thorpe und Bosworth annehmen.

führung: „Philippus überlistete sie . . . damit, dass er den dritten Teil seines Heeres in einen Hinterhalt legte und den beiden anderen Teilen befahl, sowie der Kampf beginne, auf jenen ersteren zu zu fliehen, damit er die Feinde überfalle, wenn sie an seinem Versteck vorbeigekommen wären" (p. 116, 26—30). Für das Manöver der Scheinflucht als Mittel zur Einschliessung des Feindes zeigt Æ. überhaupt eine besondere Vorliebe; wir haben gesehen, dass es nach der ags. Bearbeitung schon von Tomyris gegen Cyrus und von Philipp gegen die Skythen angewandt wurde und im Folgenden sind noch zwei weitere Fälle zu erwähnen, wo es ausschlaggebend ist.

Auf ganz ähnliche Weise wie den Sieg Philipp's erklärt Æ. den des Xanthippus über Regulus (p. 174, 30 — p. 176, 3). Seine Einschiebung wird hier durch kein Wort der lat. Vorlage, die nur von einer offenen Feldschlacht berichtet, gerechtfertigt; aber er konnte oder wollte offenbar nicht glauben, dass der heldenmütige Römer, den er so sehr bewunderte, in ehrlichem Kampfe besiegt worden sei. Er lässt ihn daher in einen Hinterhalt fallen, der auch dem Tapfersten Verderben bringen musste: „Xanthippus stellte zwei Schlachthaufen versteckt zu seinen beiden Seiten auf und einen dritten hinter sich und befahl den ersteren, wenn er selbst mit seiner Abteilung nach der weiter rückwärts stehenden zu fliehe, das Heer des Regulus von beiden Seiten anzugreifen." Dass Æ. sich bestrebte, die Darstellung möglichst günstig für Regulus zu gestalten, beweist auch die Weglassung der Nachricht, dass derselbe in Ketten geworfen und den Karthagern in einem glänzenden Triumphzuge vorgeführt worden sei.

Die Niederlage der Römer am trasimenischen See erklärt Æ. ebenfalls durch eine Kriegslist Hannibals (p. 188, 8—17); derselbe soll durch Ausschickung einzelner Haufen zur Verwüstung des Landes den Flaminius veranlasst haben, sein Heer zu zerstückeln, so dass es der Hauptmacht der Karthager leicht wurde, die zerstreuten feindlichen Abteilungen zu vernichten.

Einschiebungen ähnlicher Art finden sich noch p. 206, 15—20, p. 222, 1—2, p. 230, 1—4. Das an zweiter Stelle genannte Beispiel ist merkwürdig wegen der damit verbundenen Angabe, es sei in Numantia, um dessen Zerstörung es sich handelt, zuerst Bier gebraut worden (*ærest ealoʒeweorc onʒunnen*). Or. erzählt, die Numantiner hätten sich vor ihrem letzten Ausfall Mut getrunken, nicht in Wein, der dort nicht wachse, sondern *„succo tritici per artem confecto, quem succum a calefaciendo Celiam vocant."* Die Bereitung dieses Getränkes wird folgendermassen beschrieben: „Suscitatur enim igne illa vis germinis madefactae frugis, ac deinde siccatur et post in farinam redacta, molli succo admiscetur, quo fermento sapor austeristatis et calor ebrietatis adjicitur" (Or. 294, 13 ff.). Was mit dem *mollis succus* gemeint ist, wird aus dieser Stelle nicht klar, aber sonst finden wir eine auffallende Uebereinstimmung zwischen dem geschilderten Verfahren und den Grundzügen unserer Bierbereitung, wie sie im Wesentlichen schon vor einem Jahrtausend bestand; so indentificirt auch Æ. ohne Weiteres die *celia* seiner Vorlage mit dem heimischen *ealu* und übergeht den von Or. angegebenen Darstellungsprozess, der ja bei den Angelsachsen schon allgemein bekannt war.

Die Liebe des Königs zu seiner Religion veranlasst ihn zu einigen Erweiterungen, die an sich wenig Bedeutung haben. Or. schreibt die unerhörte Milde des Claudius gegen den Senat, der die Abschaffung der Monarchie beschlossen hatte, dem versöhnlichen Einfluss des Christentums zu; Æ. ist damit nicht zufrieden, er fügt hinzu, das ganze Volk, das vorher Claudius und seine Verwandten wegen der Verbrechen des Caligula habe ermorden wollen, sei durch die christliche Religion so friedlich gestimmt worden, dass es dem Kaiser die Sünden seines Neffen verziehen habe (p. 258, 23—28). Von der Regierungszeit des Antoninus Pius sagt er: „Die Römer wurden den Christen so hold, dass sie in (an) manche Tempel (!) schrieben, jeder Christ solle Ruhe und Frieden haben und wer Lust habe, könne zum Christentum übertreten" (p. 268, 18—21). Woher diese Notiz, die nicht den Eindruck macht, als sei sie eigene Erfindung Ælfred's, stammen mag, ist nicht ersichtlich, wenn wir nicht annehmen wollen, dass dieselbe durch falsche Interpretation der von den *litterae imperatoris Antonini* handelnden Stelle (Or. p. 472, 9 ff.) entstanden sei.

Von der Mutter des Aurelius Alexander, die sich zur christlichen Religion bekannte und den Presbyter Origenes nach Rom berief, spricht Æ. in der anerkennendsten Weise; er nennt sie „*sio ʒode modor*" und erzählt, sie sei in den Lehren des Christentums wol bewandert gewesen und habe auch ihren Sohn den Anhängern desselben günstig gestimmt (p. 270, 26—272, 2). Bei der von Maximinus aus Hass gegen die Anverwandten seines Vorgängers befohlenen Verfolgung der christlichen Priester soll es sich dann nach der irrtümlichen Auffassung Ælfred's weiter begeben haben, dass man „*þa ʒodan Mammeam ʒemartrade*" („marterte", oder „zur Märtyrerin machte?").

Das Verhalten des Usurpators Firmus, der von Theodosius besiegt und zum Tode verurteilt wurde, vor seiner Hinrichtung aber sich taufen liess, führt Æ. ebenfalls bewundernd aus; er veranschaulicht, wie die christliche Religion ihren Anhängern alle Furcht vor dem Tode benimmt und setzt dem bussfertigen Empörer sogar die Krone des Märtyrertums auf: „Da er getauft war, hatte er durch die Lehren des Priesters, der ihn getauft, so feste Hoffnung, dass er zu dem Volke sagte: „Thut nun, was ihr wollt" — und beugte sich selbst vorwärts, damit man ihm das Haupt abschlüge, und wurde Christi Märtyrer" (p. 290, 11—15).[1]

---

[1] Sweet hat irrtümlicher Weise die Worte des Or. „*de vitae aeternitate securus … jugulum ultro praebuit*" kursiv gedruckt.

Für das Mönchstum und Einsiedlerwesen nimmt Æ. natürlich lebhaft Partei. Seine Fassung der Angabe, dass Valens die Einsiedler (*munucas*) in Nordafrika zum Kriegsdienste zwingen wollte, lässt überall tiefe Entrüstung über einen solchen Frevel durchblicken (p. 288, 31 — 290, 5). Er betont, dass Mönche sich des Gebrauches der Waffen enthalten müssten, sonst thäten sie übel wie andere Menschen; und er beklagt, dass Valens „das Mönchsleben, das sein Bruder erst eingerichtet hatte, vernichten liess."

Eine der merkwürdigsten aus Ælfred's religiösem Gefühl entstandenen Einschiebungen findet sich p. 248, 12—22 und 26—29. Or. berichtet, dass kurz nach dem Regierungsantritt des Augustus zu Rom in einer *taberna meritoria* einen ganzen Tag lang Oel aus einer Quelle geflossen sei und betrachtet diesen Umstand als ein göttliches Zeichen, nach welchem aus der christlichen Kirche während der ganzen Dauer des römischen Kaiserreiches Anhänger des „Gesalbten" hervorgehen sollten. Æ. erwähnt nur die Thatsache und schliesst daran die kurze Bemerkung: „und das Oel bedeutete Gnade allen Menschen." Dann führt er aber fort: „So kamen auch von ihm (Augustus) manche Zeichen, die später in Erfüllung gingen, obgleich er sie unwissentlich that, nach Gottes Fügung." Und nun führt er drei Handlungen des Kaisers an, die er als Vorzeichen späterer Ereignisse auslegt: „Das eine war zuerst, dass er befahl, über die ganze Erde hin, jeder Stamm solle einmal im Jahre zusammen kommen, damit Jeder um so besser wisse, wo er Stammesverwandte habe. Das bedeutete, dass zu seiner Zeit Der geboren werden sollte, der uns alle zu Einer Völkerversammlung ladet, das ist in dem zukünftigen Leben. — Das andere war, dass er befahl, die ganze Menschheit solle gleichen Frieden haben und gleiche Steuern zahlen; das bedeutete, dass wir alle denselben Glauben und dieselbe Zahl guter Werke haben sollen. — Das dritte war, dass er befahl, Jeder der in einem andern Lande sei, solle in seine Heimat (*eard*) und zu seines Vaters Wohnsitz (*œpel*) zurückkehren, sowol Leibeigene wie Freie, und die das nicht wollten, hiess er alle hinrichten. Derer waren VI M, da sie zusammengebracht waren. Das bedeutete, dass uns allen geheissen ist, von dieser Welt zu unseres Vaters Wohnsitz zu kommen, das ist, in das Himmelreich; und wer das nicht will, wird verdammt und vernichtet." Von all dem ist bei Or. nichts zu finden, nur für den letzten der drei Punkte ist eine schwache Grundlage vorhanden in den Worten des Or. „*. . . restituendosque per Caesarem omnes servos, qui tamen cognoscerent dominum suum, ceterosque, qui sine domino invenirentur, morti supplicioque dedendos* (p. 420, 10 ff.) Wie der Sinn dieser Stelle gänzlich verdreht worden ist, so beruhen wahrscheinlich auch die beiden andern Punkte auf falscher Auslegung des lat. Textes, obgleich ich trotz wiederholten sorgfältigen Suchens nicht ein einziges Wort gefunden habe, aus welchem nach meinem Ermessen Dinge wie die oben angeführten herausgelesen werden könnten. Der

Inhalt der Einschiebung verbietet die Annahme, dass dieselbe ausschliesslich aus Ælfred's Phantasie stamme; dass sie auf eine Interpolation in der lat. hs. zurückgehe, wird unwahrscheinlich gemacht durch den Umstand, dass ein Teil der Einschiebung thatsächlich auf der Korrumpirung von in dem lat. Urtext enthaltenen Angaben beruht. Die symbolische Deutung der angeblichen Verordnungen des Augustus mag jedoch wohl von Ælfred stammen; und wenn dies der Fall ist, verrät der König darin nicht nur logische Schärfe des Denkens, sondern auch ein Geschick in der Durchführung der Vergleiche, das dem seines Vorbildes nur wenig nachsteht und in dem ungeschulten Angelsachsen geradezu bewundernswert ist.

Von selbständigen philosophischen Reflexionen haben wir in der ganzen Bearbeitung streng genommen nur eine einzige, deren Inhalt und Form aber den Mangel an anderen Stellen der Art um so beklagenswerter erscheinen lassen. Es ist eine Betrachtung über die gefallene Grösse Babylon's, nur wenige Zeilen umfassend, aber an Tiefe der Empfindung, Poesie und Adel des Ausdrucks sowie Reinheit der Sprache entschieden nicht nur die erhabenste Stelle in unserem Werke, sondern überhaupt eine der schönsten Proben angelsächsischer Prosa, die auf uns gekommen sind. Ich lasse die Stelle hier im Urtext folgen: „*(Seo ilce burh Babylonia, seo ðe mæst wæs and ærest ealra burȝa, seo is nu læst and westast). Nu seo burh swelc is, þe ær wæs ealra weorca fæstast and wunderlecast and mærast, ȝelice and heo wære to biscne asteald eallum middanȝearde, and euc swelce heo self sprecende sie to eallum moncynne and cweðe: Nu ic þus gehroren eam and aweȝ ȝewiten; hwæt! ȝe maȝan on me onȝietan and oncnawan þæt ȝe nanuht mid eow nabbað fæstes ne stronȝes þætte þurhwuniȝean mæȝe*" (p. 74, 22—28).

Eine Betrachtung über die Lage der Römer nach dem Abzug der Gallier, deren Kern aus der lat. Vorlage stammt, die aber erst durch Ælfred's Erweiterungen das ergreifende Pathos erhielt, das sie auszeichnet, können wir der eben besprochenen Stelle anreihen. Die Uebersetzung genügt hier, um den Inhalt zu vergegenwärtigen. „Was dünkt euch nun, sagte Orosius,[1] die ihr die christliche Zeit verleumdet? Als die Gallier die Stadt verlassen hatten, was für eine fröhliche Zeit das für die Römer war! Als da die Unglücklichen, die am Leben geblieben waren, aus den Schlupfwinkeln hervorkrochen, in denen sie gelegen hatten, und jammerten, als ob sie aus einer anderen Welt kämen,[2]

[1] Obgleich Æ. diese Stelle, die bei Or. nicht einmal in direkter Rede geschrieben ist, gänzlich umgearbeitet hat, setzt er ihr doch, wie in allen Fällen der Art, den Namen des lat. Autors voran.

[2] „*Swa bewopene, swelce hie of operre worolde come*"; der Vergleich ist nicht recht verständlich. Der Singular des Verbs anstatt des Plurals ist eine bei Æ. sehr häufige Erscheinung.

da sie die niedergebrannte, wüste Stadt sahen und dass da Schrecknisse aller Art waren, wo erst die Freude geherrscht hatte! Und sie besassen nichts ausser ihrem Unglück, weder in der Stadt Nahrung, noch ausserhalb Freunde."
Wo Æ. die Betrachtungen seiner Vorlage überhaupt herübernimmt, behandelt er sie mit grosser Freiheit und so finden wir auch in ihnen manches Selbständige; die Stellen sind aber von zu geringem Umfang als dass Ælfred's Geist Raum gehabt hätte, sich frei zu entfalten. Die Worte Ælfred's verraten an mehreren Stellen eine schwunghafte Phantasie und eine nicht geringe Kenntnis des menschlichen Charakters. So schiebt er p. 34, 34 ff. eine treffende Beobachtung über die Undankbarkeit der Menschen ein; sehr frei übersetzt und bedeutend erweitert sind die Stellen p. 102, 14—25 und 120, 1—18, in welch letzterem Falle Æ. überdies die Lebendigkeit des Ausdrucks dadurch erhöht, dass er die Römer direct anredet, während bei Or. die dritte Person steht. Die Betrachtung p. 136, 17—31 enthält ebenfalls zum grösseren Teile eigene Gedanken Ælfred's; in der Beschreibung der Schwierigkeiten, die die Gesandten des Abendlandes auf ihrer weiten Reise zu Alexander zu überwinden hatten, erhebt er sich zu fast poetischem Ausdruck, der durch die Alliteration Z. 25 noch erhöht wird. Die Vorliebe des Königs für volkstümliche Illustrationen zeigt sich (p. 212, 21 ff.) in der Erweiterung des Vergleiches zwischen Karthago und einem Wetzstein für die römischen Waffen; leider bleibt die Ausführung etwas dunkel, da die Bedeutung von *mealmstan*, Z. 28, noch nicht ermittelt worden ist.

Es erübrigt uns nun noch, die Stellen zu besprechen, die Æ. zur Erläuterung oder Vervollständigung der Angaben seiner Vorlage aus seinem eigenen Wissen eingeschoben hat. Die hier entwickelte Kenntnis geschichtlicher Einzelheiten steht in einem seltsamen Gegensatz zu der Unwissenheit, die der König weit wichtigeren Thatsachen gegenüber an den Tag legt. Der Widerspruch ist jedoch nur ein scheinbarer; wie Æ. bei der Darstellung der Geschichte durchaus subjectiv verführt, so waren ihm jedenfalls auch für das Studium derselben seine persönlichen Neigungen massgebend; und wie er in seiner Bearbeitung dem inneren Zusammenhang der Ereignisse nur geringe Aufmerksamkeit schenkt, so mag es ihm auch weniger darum zu thun gewesen sein, einen klaren Ueberblick über die Entwickelung der Staaten des Altertums zu geben, als vielmehr das Interessanteste und Belehrendste in derselben, äusserlich zusammengehalten durch das lose Band der zeitlichen Reihenfolge, für sich und sein Volk zu verwerten.

Ich führe zuerst die kleineren aus Ælfred's eigener Kenntnis stammenden Einschiebungen an.

Eine interessante Stelle der Art findet sich p. 38, 30—32. Nachdem Æ. von dem Durchgang der Kinder Israel durch das Rote Meer gesprochen hat, fährt er fort: „Da das die Aegypter sahen, da wandten sie sich an ihre Zauberer *Jeames* und *Mambres* und hofften, durch deren Künste auf demselben Wege ziehen zu können." Bosworth[1] weist nach, dass diese Namen der Bibel entnommen sind, und zwar dem zweiten Briefe Set. Pauli an Timotheus, Cap. III, 8, wo es in der Vulgata heisst: „*Jannes et Mambres restiterunt Moysi.*" Wer und was die beiden waren, ist aus dieser kurzen Notiz nicht zu ersehen, doch ist es wahrscheinlich, dass wir hier, wie auch Æ. annimmt, die Namen der ägyptischen Magier vor uns haben, welche die ersten beiden Wunder des Moses nachahmten. Es muss auffallen, dass dieselben bei dem Durchgang durch das Rote Meer auftreten, während sie vorher gar nicht erwähnt werden; aber Æ. stellte sich offenbar vor, das Meer habe sich hinter den Kindern Israel sofort wieder geschlossen, er konnte daher den Untergang des ägyptischen Heeres nur durch die Annahme einer zweiten Teilung des Wassers durch die Magier erklären.

Die Veranlassung zu dem trojanischen Kriege war bei den Alten so allgemein bekannt, dass Or. dieselbe nur mit den Worten *raptus Helenae* flüchtig berührte. Ælfred führt die beteiligten Personen einzeln an: „Es geschah, dass Alexander, der Sohn des Priamus, Königs von Troja, das Weib des Menelaus, des Königs der griechischen Stadt Lacedaemon, wegnahm" (p. 50, 6—8).

In Bezug auf die ersten Bürger Rom's zeigt sich Æ. ebenfalls genau unterrichtet. Den Umstand, dass dieselben im Anfang ausser ihrer Stadt nur ein kleines Gebiet ihr eigen nannten, erklärt er dadurch, dass „Romulus und alle Bewohner Rom's andern Völkern verächtlich schienen, weil sie in ihrer Jugend Leibeigene (*niedlingas*) gewesen waren." Æ. wusste also, dass die Gründer Rom's lange Jahre für die Söhne eines Hirten gegolten hatten und dass die spätere Beherrscherin der Welt ursprünglich eine Freistätte war. Den Raub der Sabinerinnen und die darauf folgenden Kämpfe berührt Or. nur sehr kurz; Æ. aber widmet ihnen eine eingehende Darstellung (p. 64, 25 ff.): „Sie (die Römer) baten die Sabiner, die Stadtbewohner, um die Erlaubnis, ihre Töchter zu Weibern zu nehmen, aber die Bitte wurde ihnen abgeschlagen. Sie erreichten ihren Zweck aber trotzdem durch List, indem sie jene baten, ihnen beizustehen, damit sie ihren Göttern um so besser opfern könnten." Nach der Erzählung des Raubes heisst es weiter: „Darum entbrannte ein grosser Krieg, manches Jahr lang, bis sie auf beiden Seiten fast alle erschlagen und umgekommen waren;[2] und sie konnten durch nichts versöhnt werden, bis dass die Frauen der Römer mit ihren Kindern sich zwischen die Kämpfenden stürzten,

---

[1] Uebertragung p. 68, Anm. 1.
[2] Eine bei Æ. sehr häufige Uebertreibung.

ihren Vätern zu Füssen fielen und sie baten, den Kindern zu Liebe dem Kampf ein Ende zu machen."

Ebenso vertraut ist Æ. mit dem Schicksal der Lucretia, das seine Teilnahme in hohem Grade erweckt. Während Or. nur angibt, die Schändung derselben habe den Sturz des Königtums veranlasst, findet sich in der ags. Bearbeitung eine ziemlich ausführliche Erzählung des Sachverhalts, in welcher Æ. nur insofern von der Geschichte abweicht, als er, verleitet durch die hervorragende Rolle, die Brutus bei der Vertreibung des Königs spielte, den späteren Consul zu einem Bruder der Lucretia macht. Die Schuld an der Katastrophe schiebt er dem Tarquinius allein zu; er sagt von ihm: „Er war der schlimmste, zügelloseste und übermütigste von allen (Königen) und zwang alle römischen Frauen, wo er es vermochte, zur Unzucht, und erlaubte seinem Sohne, Lucretia, des *Latinus* Weib, die Schwester des Brutus, zu schänden, als letztere (Br. u. Coll.) auf einem Kriegszug waren, obgleich diese nächst dem Könige die berühmtesten der Römer waren. Lucretia tötete sich deswegen selbst. Als das *Latinus*, ihr Gatte, und Brutus, ihr Bruder, erfuhren, da verliessen sie das Heer, das sie befehligen sollten, und als sie heim kamen, vertrieben sie sowol den König als auch dessen Sohn und alle die vom königlichen Geschlechte waren, aus dem Reiche."

In einer anderen Einschiebung stossen wir auf die im Ma. weit verbreitete Sage von dem Zauberer Nectanebus, der Alexander's des Grossen Vater sein sollte. Or. sagt, Alexander sei zu dem Tempel des Jupiter Ammon gereist, „*ut . . . ignominiam incerti patris et infamiam adulterae matris aboleret.*" Æ. fügt erst den Namen und die Einzelheiten hinzu: „Dann fuhr er zu dem Tempel, von dem die Aegypter sagen, er sei ihrem Gotte Ammon geweiht, der ihres andern Gottes Jovis [1] Sohn ist,„ um seine Mutter von Nectanebus, dem Zauberer, zu reinigen,[2] mit dem sie, wie man sagte, Gemeinschaft gehabt und der für Alexander's Vater gehalten wurde" (p. 126, 22—26).

---

[1] Auf die eigentümliche Auslegung der Worte „*templum Jovis Ammonis*" wirft der Umstand einiges Licht, dass Æ. Jovis für einen Nominativ hielt und davon wieder den Genitiv *Jobeses* bildete (cf. p. 160, 18: *Jofeses*). Der Name war ihm schon bekannt, wenn auch nur in der Form der Casus obliqui; die Zusammensetzung mit Ammon war ihm daher unklar, wie er ja überhaupt von der Existenz doppelter Namen, ehe er bei seiner Uebertragung zur römischen Geschichte kam, gar nichts wusste.

[2] Der ags. Text hat „*beladian . . . Nectanebuses þæs drys*", eine sehr freie Konstruktion; wir können den Sinn in gutem Deutsch nur durch eine Umschreibung wiedergeben: „von dem Verdacht der Gemeinschaft mit N. reinigen."

Alles, was die Herrscherwürde betraf, hatte natürlich für den
König besonderes Interesse; so verfehlt er auch nicht, wo er von dem
karthagischen Feldherrn Mazeus spricht, der seinen eigenen Sohn an
das Kreuz schlagen liess, weil er mit dem Purpurmantel angethan dem
Vater im Kampfe entgegentrat, erklärend hinzuzufügen: „Denn es war
bei ihnen nicht Brauch, dass irgend ein Anderer sich in Purpur kleidete,
als der König allein."

Wir haben schon weiter oben gesehen, dass Æ. für Caesar Partei
nahm wegen der ungerechten Behandlung, die demselben angeblich
von Seiten des Senats widerfahren war. Er gibt nun in zwei Einschiebungen seiner Bewunderung für denselben offenen Ausdruck.
Die Nachricht, dass Caesar bei dem Anblick des Hauptes des Pompeius
in Thränen ausgebrochen sei, bewegt ihn zu dem Zusatz: „Denn er
war der mildherzigste aller Menschen in jenen Tagen" (p. 242, 19—20).
Weniger leicht erklärlich, als diese Stelle, ist aber die längere Cato's
Verhältnis zu Caesar betreffende Einschiebung p. 242, 30—p. 244, 5.
Dieselbe besagt: „(Darauf zog er (Caesar) nach Africa) gegen den Con-
sul(!) Cato. Als dieser es erfuhr, unterwies er seinen Sohn, dass er
demselben entgegenzöge und um Frieden bäte: Denn, sagte er, ich
weiss, dass kein besserer Mann, als er,[1] in dieser Welt lebt, obgleich
er mir der unleidlichste ist; und ich kann es nicht über mich gewinnen,
ihn jemals zu sehen. Nach diesen Worten bestieg er die Mauer der
Stadt und stürzte sich hinab, dass er ganz zerschmettert wurde. Als
Caesar aber zu der Stadt kam, beklagte er sehr, dass er Jenen nicht am
Leben traf und dass derselbe eines solchen Todes gestorben war." Von
all dem finden wir bei Or. nur die lakonische Angabe: „*Cato sese
apud Uticam occidit*" (p. 403, 18). Dass Æ. diese Worte mit Hülfe
seiner lebhaften Phantasie zu der vorliegenden Gestalt erweitert habe,
ist nicht anzunehmen, denn die historische Grundlage seiner Darstellung ist unverkennbar. Caesar vergab dem Sohne Cato's thatsächlich die frühere Feindschaft; dass er den Tod Cato's beklagt habe, ist
kaum zu bezweifeln, denn bei allem politischen Antagonismus hegte
er vor demselben, ebenso wie vor seinem anderen Gegner Cicero,
stets die grösste Hochachtung; und dass auch der hochherzige Repu-
blikaner den Tugenden des Diktators volle Anerkennung widerfahren
liess, dafür bürgt uns das unvergleichliche Bild, das die Geschichte
von seinem Charakter entwirft. Das ihm in den Mund gelegte Lob
Caesar's mag freilich übertrieben sein; ferner macht sich Æ. in Bezug
auf die Todesart Cato's eines Versehens schuldig.

Auch die unfreiwillige Komik ist in dem Kapitel der Hinzufügungen vertreten. Ælfred erzählt, bei dem Beginn des ersten mithridatischen Krieges habe Marius gebeten, ihm das Consulat zum siebenten
Male zu verleihen, „denn es war bei ihnen Sitte, dass man nach Ver-

---

[1] „*nan swa god man ... swa he is.*"

lauf von 12 Monaten den Sitz jedes Consuls um ein Kissen höher machte, als er vorher war" (p. 236, 6—7). Eine Angabe der Art kann Æ. schwerlich aus der Luft gegriffen haben; sie beruht jedenfalls auf irgend einem Missverständnis, wenn uns auch der lat. Text keinerlei Anhalt zur Erklärung desselben bietet.

Dass zwischen Octavian's Zunamen „Augustus" und dem gleichlautenden Monatsnamen ein direkter Zusammenhang bestehe, wusste Æ. offenbar sehr wol; in seiner Auffassung desselben stellt er aber unglücklicherweise den Sachverhalt auf den Kopf. Er sagt von der Schlacht am Vorgebirge Actium: „Das war zu der Zeit *Calendas Aʒustus* (Or. *kalendis Sextilibus*), an dem Tage, den wir *hlafmæsse* (Laibmesse, Lammas) nennen. Seitdem wurde Octavian *Aʒustus* genannt, weil er zu der Zeit siegreich war" (p. 246, 16—18).

Die Worte des Titus „*diem perdidi*", von denen bei Or. nichts zu finden ist, waren Æltred bekannt und erschienen ihm zu beherzigenswert, um sie unerwähnt zu lassen. Er schiebt daher p. 264, 2 ein: „Er war so guten Willens, dass er sagte, er habe den Tag verloren, an welchem er nichts Gutes that."

Von grösseren Hinzufügungen sind streng genommen nur zwei vorhanden und auch diese haben bei weitem nicht den Umfang wie die im geographischen Teil. Die erste ist ihrem Inhalt nach eine doppelte; Æ. gibt in ihr einmal die bekannte Beschreibung eines römischen Triumphes (p. 70, 22—35) und sodann bespricht er die Einrichtung und das Wesen des Senats (p. 70, 36—p. 72, 7). Die zweite Hinzufügung bezieht sich auf den Janustempel und die damit verbundene Sitte des Oeffnens der Thore desselben in Kriegszeiten (p. 106, 11—19). Beide, oder besser alle drei Stellen lassen die direkte Benutzung irgend einer klassischen Quelle deutlich erkennen, wenn wir auch vielleicht annehmen können, dass die Hauptsachen dem Könige schon bekannt waren. Der Inhalt ist für den Zweck dieser Arbeit unwesentlich; nur einige Einzelheiten seien hier erwähnt. Die Angaben über die Zusammensetzung des Triumphzuges sind sehr dürftig, die über die Anordnung desselben sogar unrichtig, ebenso wie die Angabe, dass der Senat dem Triumphator sechs Meilen weit entgegengezogen sei. Auffallend ist, was Æ. über den Triumph der Feldherrn sagt, die ein Volk ohne Kampf unterworfen hatten. Die Zahl der Senatoren gibt er auf 100, später 300, an, seine Nachrichten umfassten also nur die Zeit vor dem jüngeren Gracchus. Die Ausschmückung, dass der Janustempel vier Thore gehabt und dass man stets das auf der Seite des Kriegsschauplatzes befindliche geöffnet habe, um den Römern die Marschrichtung anzudeuten, entstand offenbar aus der Voraussetzung, dass die betr. Sitte einen naheliegenden praktischen Zweck gehabt haben müsse; das Aufschürzen der Gewänder hingegen weist wieder auf eine klassische Quelle.

Die meisten der unter den Hinzufügungen angeführten Stellen enthalten konklusive innere Evidenz für die Autorschaft Ælfred's; bei anderen dagegen muss dahingestellt bleiben, ob sie nicht vielleicht schon als Interpolationen in der von dem Könige benutzten hs. des Or. vorhanden waren. Dieselbe war nach Zangemeister (Praef. p. XXIII) eine späte und ziemlich schlechte, und dass sie schon mehrere Interpolationen enthielt, beweisen zwei Stellen in Ælfred's Bearbeitung: die Beschreibung der Früchte von Sodom (p. 32, 13—15) und die chronologische Notiz am Ende des ersten Buches (p. 58, 7—12), welche beide zuerst in Orosius-hss. des 9. Jh. auftauchen (cf. Zangemeister p. 46, Anm. zu Z. 13, sowie p. 80, 1ff.).

Namen und Bezeichnungen.

In der Wiedergabe der Eigennamen sowol wie in der Anwendung klassischer, vorzüglich römischer, Bezeichnungen weicht Æ. von dem lat. Texte bedeutend ab. Das in dieser Hinsicht Bemerkenswerte hätte in dem Kapitel der Aenderungen besprochen werden können; die eigentümliche Natur der Abweichungen und die Neuheit der durch dieselben eröffneten Gesichtspunkte machten es jedoch wünschenswert, dem reichen Material, das sich uns hier bietet, einen besonderen Abschnitt zu widmen.

Die Eigennamen finden sich bei Æ. mit Ausnahme der bekanntesten und der lautlich einfachsten fast durchgehends in mehr oder weniger entstellter Form. Im geographischen Teil, wo Ælfred die zu fremd klingenden oder lautlich zu schwierigen Namen einfach wegliess, zeigen sich die in Rede stehenden Korrumpirungen nur wenig; am auffallendsten sind sie im Anfang des historischen Teils, jedenfalls weil die hier gegebenen orientalischen und griechischen Namen, die in den Kirchenvätern nicht vorkommen, Ælfred und seinen Geistlichen noch weniger bekannt waren, als die lateinischen; später werden sie immer seltener. Die Abweichungen sind so ungemein zahlreich, dass von einer nur annähernd erschöpfenden Aufzählung derselben nicht die Rede sein kann; daher ist es auch unnötig, die heranzuziehenden Beispiele allgemeiner Natur weiter zu belegen, da man ähnlichen Fällen fast auf jeder Seite des ags. Werkes begegnet.

Am häufigsten kommt es natürlich vor, dass einzelne Buchstaben in den Namen verändert, weggelassen oder auch hinzugefügt sind; so finden wir z. B. Sameramis, Bosiridis, Crecn¹(land), Ganemefis, Amaza-

---
¹ *Crecas, Creacas* schon im Widsið und in der Elene.

nas, Ercol¹ (Hercules), Sardanopolus, Lœcedemonia, Parnasus, Vespassian, Adipsus (Oedipus), Lucrettie, Paminunde, Ifirzus u. a. m. Bisweilen fehlen ganze Sylben, wie in *Latinus* für Collatinus (p. 66, 30), *Cinam* für Erycinam (p. 180, 9).

In einer grossen Zahl von Fällen sind aber die Namen in ihrer ganzen Schreibung so entstellt, dass es schwer oder überhaupt unmöglich ist, sie wiederzuerkennen. So hat Æ. *Cirimacia* für *Cyrenaica*, *Roʒuthitus* für *Troglodytas*, *Subaʒros* für *Oxydracas*, *Membrað* für *Nimrod*, *Arpellas* für *Harpagus*, *Ecrapatas* für *Atropatus*, *Ðasfene* für *Hydaspes*, *Atrianus* für *Bactrianos*, *Itacanor* für *Nicanor*, *Theleomommos* für *Tlepolemus*, *Fiðnam* für *Pythnam*, *Ilius* für *Caecilius*, *Meʒelan* und *Mœʒolanʒe* für *Mediolanum*, *Arʒeate* für *Ariarathus*, *Ʒeoweorða* für *Jugurtha*, *Caucarius* für *Carausius* u. a. m. Andere Formen sind durch Zusammenziehung zweier Namen entstanden, wie *Arachasihedros* aus *Arachosii Gedrosiique*, *Marcoliu* aus *Marco Livio*.

In wie weit nun die Eigennamen schon in der von Æ. benutzten hs. des Or. verstümmelt waren, lässt sich natürlich nicht absehen. Wenn in der ältesten und besten Ueberlieferung des lat. Werkes, die aus dem 6. Jh. stammt, schon Fehler vorkommen wie *cartham* für *Cirtam*, *utilium* für *Atilium*, *teutoduobus* für *Teutobodus* (Z., praef. p. VII f.), wie mag es da in einer hs. des 9. Jh. ausgesehen haben, die noch dazu wahrscheinlich von einem Angelsachsen geschrieben war! Streng genommen wären wir also nicht berechtigt, Ælfred für eine einzige der in seiner Bearbeitung enthaltenen falschen Schreibungen von Eigennamen verantwortlich zu machen. Ebensowenig Berechtigung hätte aber die Annahme, dass der König dieselben durchweg aus der lat. hs. herübergenommen habe. Die Wahrheit wird wol auch hier in der Mitte liegen. Gewisse oft wiederkehrende Abweichungen, wie *ʒe* für *ie*, *ʒea* für *ia*, *w* für *g* verraten deutlich die Hand des Angelsachsen; andrerseits müssen in manchen Fällen zwischen der ursprünglichen und der korrumpirten Form Uebergangsstufen gestanden haben (so z. B. bei *Subaʒros* für *Oxydracas*, *Itacanor* für *Nicanor*, *Ilius* für *Cäcilius*) und da kann selbstverständlich höchstens ein Teil der Schuld dem ags. Bearbeiter beigemessen werden. Bei näherer Betrachtung der Abweichungen drängt sich uns aber vor Allem Eine Bemerkung auf: es ist meist schwer, wenn nicht unmöglich, eine Erklärung für dieselben zu finden, wenn man annimmt, dass die Schreiber

---

[1] Das anlautende *h* der griechischen und lat. Namen wird überhaupt fast stets weggelassen: *Omerus*, *Elena* etc. An andere Namen fügt Æ. dagegen manchmal ein solches an: *Hettulf* für *Ataulf*. Vgl. darüber Fritzsche (Das ags. Gedicht Andreas und der Dichter Cynewulf, Anglia Bd. II, p. 457) und Hartmann (Ist König Ælfred der Verfasser der alliterierenden Uebertragung der Metra des Boëtius?, Anglia Bd. V, p. 434, Anm. 2).

ihre Vorlage vor Augen gehabt hätten; vielmehr weisen der Wegfall unbetonter Sylben, die Verwechslung ähnlich klingender und die Zusammenziehung nebeneinander stehender Namen, das häufige Eintreten von *f* für *p*, *ll* für *nl* und andere Umstände der Art unverkennbar darauf hin, dass die Verstümmelung der Namen durch Verhören entstanden sein muss. Da wir nun nirgends eine Kunde davon haben, dass bei den Angelsachsen die Massenvervielfältigung von hss. (gleichzeitiges Nachschreiben mehrerer Personen nach dem Diktat) in Anwendung gewesen sei, ein einzelner Abschreiber aber jedenfalls seine Vorlage selbst las, so dürfen wir wol annehmen, dass wenigstens die auf ags. Ursprung deutenden Namensverstümmelungen bei der Uebertragung durch Æ. entstanden sind und dass Ælfred entweder sich den lat. Text vorlesen liess und ihn nach dem Gehör übersetzte, oder aber, was das Wahrscheinlichere ist, die Uebersetzung gar nicht selbst niederschrieb. Es ist bekannt, dass er sogar die Eintragungen in sein Manuale von Asser besorgen liess und dass er nie grosse Gewandtheit in der Führung der Feder erlangte. Demnach fiele die bei der Uebertragung entstandene Korrumpirung von Eigennamen nicht Ælfred persönlich zur Last, sondern dem Schreiber, dem er den ags. Text diktirte.

Von grosser Wichtigkeit für uns ist der Umstand, dass sich in der ags. Bearbeitung viele Namen finden mit für die betr. Stellen ganz sinnlosen lat. Casusendungen, die nur von dem Uebersetzer selbst stammen können. Einige der auffallendsten Beispiele werden hier genügen. Or. spricht p. 74, 14 f. von *„Peloponnensium Atheniensiumque maximum bellum"*; Æ. fasst diese Formen als Nominative auf und übersetzt (p. 56, 7 ff.) *„Pelopensium and Atheniensium, Creca peoda, .. winnende wæron."* Auf derselben Seite (p, 56, 29) steht für *„poetam Atheniensem"* die Uebersetzung *„anne scop of Atheniensem."* So finden wir ferner p. 90, 23 *„Romane besæton Veiorum þa burʒ,"* wo bei Or. von der *„obsidio Veiorum"* die Rede ist. Auch in der römischen Geschichte finden sich noch ähnliche Fälle, so p. 108, 6 f.: *„heora oþer consul þe mon Detius hett and oðre noman Murc;"* p. 198, 21: *„þa Claudius Nerone and ... Salinatore wæron consulas."* Wie Æ. zu diesen Formen kam, ist leicht ersichtlich; die mit der richtigen Endung wiedergegebenen Namen *Detius, Claudius* etc. waren in der Vorlage zweifellos gekürzt. Ælfred war demnach, als er seine Bearbeitung begann, in der lateinischen Formenlehre nicht genügend bewandert, um die casus obliqui der Eigennamen[1]

---

[1] Mit den häufiger wiederkehrenden Völkernamen wird Æ. bald vertraut; er flektirt dieselben dann nach der i-Klasse, seltener nach der a-Klasse und fast nie schwach. Von den Personennamen gehen bei ihm die konsonantisch auslautenden nach der starken, die übrigen nach der schwachen Deklination.

stets als solche erkennen zu können; ebenso war ihm die Construktion des unvollständigen ablativus absolutus unbekannt. Bei einer so geringen Kenntnis der lat. Sprache ist es aber kaum denkbar, dass der König das Werk des Or. ohne die Beihülfe Anderer übersetzt habe; es liegt daher die Vermutung nahe, dass er sich dabei in derselben Weise habe unterstützen lassen, wie bei der Uebertragung des Boetius.

Ein Umstand verdient bei der Besprechung der Eigennamen noch erwähnt zu werden. Der Gebrauch erblicher Familiennamen war den Angelsachsen (wenn wir von den vereinzelten Bildungen auf *ing*, wie *Scylding* etc. absehen) unbekannt und ebenso scheint auch Æ., ehe er durch die römische Geschichte eines Besseren belehrt wurde, nichts von demselben gewusst zu haben. Die ersten Beispiele der Art, denen er begegnet, zeigen durch ihre Wiedergabe, für wie ungewöhnlich und der Erklärung bedürftig er sie hielt; so p. 108, 5 ff.: „*Mallius, þe oðre noman wæs haten Tarcuatus, and heora oþer consul, þe mon Detius hett and oðre noman Mure,*" und ganz dieselben Wendungen braucht er noch an mehreren Stellen. Nach und nach gewöhnt er sich an die doppelten Namen, so dass er sogar gelegentlich zwei Personen zu einer einzigen macht: p. 182, 33 „*Fuluius Postumius se consul*" (*Fulvio Posthumioque consulibus*). Aehnlich p. 206, 34. Dreifache Namen jedoch bleiben ihm unverständlich, und da die Consuln gewöhnlich solche führten, weiss sich Æ. nicht anders zu helfen, als dass er die sechs Namen, die beide zusammen besitzen, auf 3 Personen verteilt. So übersetzt er „*L. Caecilio Metello, C. Furio Placido consulibus*" mit: „*On Luciuses dæge Iliuses, þæs consules, and on Metelluses Gaiuses, and on Foriuses Blaciduses*" (p. 176, 32 f.). Aehnliche Versehen finden sich p. 182, 5, p. 186, 12, p. 188, 30 etc. Später spricht Æ. stets nur von zwei Consuln, bringt es aber nicht so weit, die drei Namen eines jeden von ihnen richtig anzugeben; er stellt in der Regel alle sechs zusammen, streicht die letzten zwei und verteilt die übrigen vier unter die beiden Consuln. So macht er aus „*Gn. Cornelio Lentulo, P. Aelio Paeto consulibus*" — „*þa þa Gaius*(!) *Cornelius and Lentulus Publius wæron consulas*" (p. 202, 18 f.), ebenso p. 204, 23, p. 206, 24, p. 208, 23 etc. Dass er in einem ganz vereinzelten Falle (p. 226, 15) die Namen annähernd richtig gibt, scheint demnach blosser Zufall zu sein.

Die Begriffe, die Æ. von der Bedeutung der antiken Rangbezeichnungen, Titel und Würden hat, sind teils sehr unklar, teils gänzlich fehlerhaft. Von der obrigkeitlichen Stellung der Consuln und von der Dauer ihres Amtes scheint er nichts gewusst zu haben; das Consulat war in seiner Meinung die höchste militärische Würde. Das erhellt z. B. aus p. 200, 2, wo von Scipio gesagt wird: „*þa sendon Romane hiene þæt he þæs færeltes consul wære,*" d. h. damit er den Oberbefehl in dem Feldzug führe. Daher wechseln auch oft die Bezeichnungen *consul* und *cyning*; beide werden z. B. kurz nach einander auf Regulus angewandt (p. 178, 8 und 21). Tyrtäus heisst der *cyning* der Spartaner (p. 56, 29 u. 31). Mit dem Namen *consul* belegt Æ. ferner auch die Proconsuln und Praetoren, die Volkstribunen und einmal sogar einen Centurio (p. 192, 22). Statthalter, Satrapen, Praefekten, überhaupt höhere Würdenträger oder Beamte werden *ealdormen* genannt. Den Unterschied, der in der späteren Kaiserzeit zwischen den Bezeichnungen *Augustus* und *Caesar* gemacht wurde, kennt Æ. nicht; er hält beide für gleichbedeutend und bedient sich ausschliesslich des Wortes „*casere*" (cf. p. 280, 1).

Wenn wir die Resultate der vorstehenden Vergleichung kurz zusammenfassen, so ergibt sich vor Allem, dass das Werk Ælfred's durch die Freiheit und Subjectivität, die es in der Behandlung der Vorlage zeigt, sich über das Niveau einfacher Uebersetzungen hoch erhebt und daher die Bezeichnung einer Bearbeitung in vollem Masse verdient. Nur ungefähr die Hälfte des von Orosius gebotenen Materials hat Ælfred herübergenommen; die Darstellung an sich ist aber wegen der Ungelenkigkeit der angelsächsischen Sprache bedeutend breiter geworden. Ueberall tritt der lehrhafte Zweck der Bearbeitung hervor; die verwirrende Häufung fremder Namen wird vermieden, unwichtig oder nachteilig Scheinendes gekürzt oder gestrichen, Schwieriges anschaulich gemacht, Wissenswertes erläutert, vervollständigt oder neu hinzugefügt. Ebenso selbständig verfährt Æ. in der Anordnung des Stoffes; durch seine Aenderungen derselben erzielt er vielfach grössere Klarheit und Uebersichtlichkeit. Auch finden sich gewisse Angaben bedeutend früher, als bei Orosius und es lässt sich daraus schliessen, dass Æ. das lat. Werk schon gelesen hatte, als er sich an die Uebertragung desselben machte.

In der Geographie Europa's zeigt sich Æ. wol bewandert; die Völkerschaften Germanien's führt er, wahrscheinlich auf Grund selbst gesammelter mündlicher Nachrichten, mit grosser Anschaulichkeit und Genauigkeit nach ihrer gegenseitigen Lage namentlich auf; die Kenntnis der nördlichen

Gegenden bereichert er durch die Mitteilung der Berichte Ohthere's und Wulfstan's.

In der Geschichte verrät er in Bezug auf einige der wichtigsten Thatsachen grosse Unwissenheit; andrerseits entwickelt er nicht unbedeutende Einzelkenntnisse. Ueberhaupt aber findet sich bei ihm nirgends ein verständnisvolles Eindringen in das Wesen der Ereignisse, ein klarer Ueberblick über den Zusammenhang derselben; daher ist auch seine Darstellung nicht selten episodenhaft, in der Geschichte der Kaiserzeit sogar chronikartig.

Ælfred's Kenntnis des Latein war, als er das Werk des Orosius übertrug, noch gering; er macht eine Reihe grober Fehler, obgleich er sich den lat. Text jedenfalls, wie bei der Uebertragung des Boetius, erst erklären liess, ehe er ihn übersetzte.

Ein um so günstigeres Bild verschafft uns die subjective Art der Bearbeitung von dem Charakter Ælfred's. Kindlich einfach und fest zugleich, grossherzig und von hohem sittlichen Ernste, voll warmer Verehrung für alles Grosse und Gute, so tritt uns Ælfred aus seinem Werke entgegen. Die Mangelhaftigkeit seiner Bildung kann seiner Grösse keinen Abbruch thun; sie erhöht nur unsere Bewunderung für das edle Streben des Königs, der noch in reifem Mannesalter sich zu der Rolle des Schülers bequemte, um selbst an der geistigen Hebung seines Volkes mitwirken zu können.

Halle, Druck von Ehrhardt Karras.

Inhalt.

Einleitendes . . . .
Geographischer Teil . . . .
    a) Auslassungen . . . .
    b) Aenderungen . . . .
    c) Hinzufügungen . . . .
Historischer Teil . . . .
    a) Auslassungen . . . : . . .
    b) Aenderungen . . . .
    c) Hinzufügungen . . . .
Namen und Bezeichnungen . . .